Tratamiento y gestión de quejas y reclamaciones. ADGD0004

María Rosa Muñoz Bermúdez

ic editorial

Tratamiento y gestión de quejas y reclamaciones. ADGD0004
© María Rosa Muñoz Bermúdez

1ª Edición

© IC Editorial, 2023

Editado por: IC Editorial
c/ Cueva de Viera, 2, Local 3
Centro Negocios CADI
29200 Antequera (Málaga)
Teléfono: 952 70 60 04
Fax: 952 84 55 03
Correo electrónico: iceditorial@iceditorial.com
Internet: www.iceditorial.com

ISBN: 978-84-1184-283-9
Depósito Legal: MA 1840-2023

Impresión: PODiPrint
Impreso en Andalucía – España

Nota de la editorial: IC Editorial pertenece a Innovación y Cualificación S. L.

Especialidad formativa

Se entiende por especialidad formativa la agrupación de contenidos, competencias profesionales y especificaciones técnicas que responde a un conjunto de actividades de trabajo enmarcadas en una fase del proceso de producción y con funciones afines.

Las especialidades formativas de Uso General, Formación Complementaria, Formación Modular y las especialidades formativas dirigidas a la obtención de certificados de profesionalidad se incluyen en el Fichero de Especialidades del Servicio Público de Empleo Estatal para su gestión en todo el territorio nacional por cualquier Administración competente.

Las especialidades complementarias, pertenecen todas a la Familia profesional de Formación Complementaria (FCO) y tienen la consideración de formación transversal en áreas que se consideran prioritarias tanto en el marco de la Estrategia Europea para el Empleo y del Sistema Nacional de Empleo como en las directrices establecidas por la Unión Europea. Se consideran áreas prioritarias las relativas a tecnologías de la información y la comunicación, la prevención de riesgos laborales, la sensibilización en medio ambiente, la promoción de la igualdad, la orientación profesional y aquellas otras que se establezcan por la Administración competente.

Las especialidades de Certificado de profesionalidad tienen una duración especificada en su normativa reguladora.

En el resultado de la búsqueda, se muestran las unidades de competencia, todos los módulos formativos con su duración y las unidades formativas del certificado correspondiente, con su duración. Las horas del certificado, exclusivo de las especialidades de certificado de profesionalidad, con alta igual o superior a 2008, son las horas totales más las horas del módulo de Prácticas Profesionales no Laborales.

- ➲ **Si la especialidad tiene unidades formativas,** las horas totales, presencial, distancia, teleformación serán igual a la suma de esas horas de las unidades formativas de los distintos módulos, sin que se repita ninguna Unidad formativa.

➲ **Si la especialidad no tiene unidades formativas,** las horas totales, presencial, distancia, teleformación serán igual a las sumas de esas horas de los módulos formativos, eliminando las horas de los módulos repetidos.

https://sede.sepe.gob.es/FOET_CATALOGO_EEFF_SEDE/flows/main?execution=e1s1

(Fuente: Servicio Público de Empleo Estatal)

Índice

Unidad de Aprendizaje 3
Atención telefónica de reclamaciones y quejas

Unidad de Aprendizaje 4
Gestión de las reclamaciones por vía judicial

Objetivos

Los objetivos generales del **ADGD0004. Tratamiento y gestión de quejas y reclamaciones** son los siguientes:

- Adquirir los conocimientos que permitan al participante realizar correctamente la labor de tramitación de las reclamaciones y las quejas en las empresas, hoja de reclamaciones, arbitraje y vía judicial.
- Aprender a gestionar las quejas que los clientes puedan realizar ante las empresas.
- Aprender a gestionar las reclamaciones que los clientes puedan realizar ante las empresas.
- Saber realizar una atención telefónica eficaz de reclamaciones y quejas.
- Conocer el procedimiento que siguen las reclamaciones por la vía judicial.

Gestión de quejas y sugerencias

Contenido

Objetivos

El objetivo general de esta Unidad de Aprendizaje es:

→ Aprender a gestionar las quejas que los clientes puedan realizar ante las empresas.

Los objetivos específicos de esta Unidad de Aprendizaje son:

→ Saber lo que es una queja.

→ Aplicar los pasos que deben darse ante las quejas.

→ Conocer el proceso de gestión de quejas.

→ Aprender a tratar las quejas y a recoger información.

→ Responder una queja de forma correcta.

→ Comprender la necesidad de crear políticas que aumenten la recepción de quejas.

1. Introducción

En las relaciones que se crean entre establecimientos comerciales y consumidores o usuarios aparecen en ocasiones conflictos que pueden tener su origen en distintas causas, tales como la prestación incorrecta de un servicio, expectativas diferentes, productos defectuosos, publicidad engañosa, promociones que no se asignan, ineficacia del personal, etc.

Estos conflictos pueden originar quejas por parte de los clientes que es preciso saber abordar de manera adecuada para alcanzar una solución óptima para ambas partes.

Es importante tener en cuenta que **las quejas pueden darse en cualquier negocio por muy buena gestión que realice.**

Todo establecimiento debe poner a disposición de sus clientes un sistema de comunicación de quejas y sugerencias a través del cual pueda tomar nota de cualquier incidencia que se dé o de cualquier proposición de mejora que el público pueda realizar.

Para el desarrollo de este contenido, nos basaremos en el hotel Solyluna, a través del cual nos introduciremos en la gestión y el tratamiento de las quejas de sus clientes.

2. Definición de queja

☞ **HILO CONDUCTOR**

Un cliente se ha acercado al mostrador de recepción del hotel Solyluna y le ha dicho al recepcionista lo siguiente: "Acabo de subir a mi habitación y me he encontrado con que la toalla del lavabo está sucia. Aquí se la traigo".

¿Qué es esto? Es una queja. El cliente ha manifestado su descontento a la empresa con el objetivo de que le cambien la toalla por una limpia, de acuerdo con el estándar de calidad del establecimiento.

- -

Cuando hablamos de quejas no nos estamos refiriendo a ningún tipo de infracción administrativa. Tampoco se busca por parte del consumidor o usuario una compensación económica, sino que su único fin es que el establecimiento sepa de su malestar y pueda mejorar la calidad de su servicio.

DEFINICIÓN

Queja

Expresión de un descontento realizada a una empresa acerca de alguno de sus productos o servicios con la única finalidad de que se solvente.

Las quejas se pueden expresar tanto de forma **oral** como de forma **escrita.** En ocasiones el cliente expresa personalmente el daño que ha recibido a alguna persona representante de la empresa, pero la forma más habitual de hacerlo suele ser por escrito, siendo el correo electrónico y las redes sociales los medios más empleados en la actualidad.

Una queja solo persigue solucionar un problema.

Cuando una empresa presta un servicio, si algo no funciona correctamente, los consumidores deben poder expresarle su insatisfacción y esperar que la entidad se interese en resolver el problema de la mejor manera posible.

Los **motivos** más frecuentes por los que se quejan los consumidores los puedes ver a continuación:

- **Productos defectuosos:** ante un producto defectuoso, el cliente puede buscar que se le reemplace el artículo o que se le devuelva el dinero pagado por él.
- **Mala experiencia:** ante una queja de un cliente por una mala experiencia, es preciso preguntarse qué motivó esa mala experiencia: si es que hay alguna desconexión entre los mensajes que transmite la empresa y sus acciones finales o si es que el cliente tenía expectativas erróneas producto de la falta de conocimiento. Para averiguarlo, se debe aprovechar la oportunidad que proporciona para escucharle e identificar qué espera realmente.
- **Mala atención al cliente:** el motivo más frecuente de abandono de las marcas por parte de los clientes es la mala atención recibida. Cuando se produce una queja por esta razón la empresa debe aceptar el error y buscar el modo de resarcir al cliente inmediatamente si no desea ver perjudicada su reputación.
- **Incumplimiento de plazos:** cuando se incumplen los plazos acordados, la confianza del cliente en la marca se tambalea. Ante estos casos se debe aceptar y resarcir de forma inmediata al cliente damnificado, consiguiendo que se sienta beneficiado por la solución final. A la vez se deben revisar los procedimientos operativos y logísticos de la empresa para identificar fallas y resolverlas inmediatamente.
- **Incumplimiento de garantías:** el incumplimiento de las garantías es una causa frecuente de pérdida de clientes para las empresas. Las marcas deben tener entre sus responsabilidades la entrega de información clara y precisa que evite errores de comprensión en sus clientes e, inexcusablemente, cumplir con los compromisos acordados.
- **Precios y formas de pago:** los errores de precio (aquellos en los que los precios que se cobran no se corresponden con lo que indica el establecimiento en sus etiquetas, catálogos o lineales) son algo frecuente. Ante quejas de este tipo no merece la pena discutir con un cliente por una diferencia de precio relativamente pequeña. Hay que tener en cuenta que el cliente ha perdido tiempo en reclamar, con su consiguiente enfado y posible pérdida de confianza hacia la empresa.

Hay algunas necesidades básicas que expresan los clientes y cuyo cumplimiento facilita el flujo natural de los procedimientos de gestión de quejas:

Trato cortés
- Un trato agradable y respetuoso por parte de la empresa pondrá la semilla de la satisfacción y la lealtad del cliente.

Continúa en página siguiente >>

<< Viene de página anterior

Comprensión
- Todo cliente espera de la empresa una actitud comprensiva y de receptividad ante sus necesidades.

Conocimiento técnico
- Los clientes esperan que el personal que les atiende posea los conocimientos suficientes para poder desempeñar el servicio que está prestando.

Interés
- Cuando a un cliente se le plantea un problema, espera que quienes se encargan de atender sus peticiones muestren interés en resolverlo y trabajen en encontrar una solución.

Flexibilidad
- El consumidor que presenta una queja a una empresa desea tratar con una persona flexible y creativa de cara a encontrar la mejor solución.

Rapidez
- Ante un problema, el cliente espera una resolución inmediata: que se admita el fallo, que se le dé una disculpa, que se le proporcione una solución y se le asegure que no se repetirá.

Tan solo una pequeña proporción de los clientes insatisfechos llega a formular sus quejas ante la empresa en cuestión. Los motivos por los que un cliente no llega a quejarse pese a su descontento son diversos y de diferente naturaleza, siendo los más frecuentes son los que aparecen a continuación:

Porque considera que no servirá para nada
– En ocasiones las empresas no llevan a cabo acciones correctivas tras la recepción de quejas por parte de los clientes, los cuales muchas veces solo reciben soluciones a corto plazo.

Continúa en página siguiente >>

<< *Viene de página anterior*

Porque le incomoda

– Muchos clientes prefieren evitar confrontaciones. A fin de contrarrestar esta actitud, es importante que el personal en contacto con el usuario posea la formación y la actitud correctas para generar un flujo de comunicación eficaz. También conviene incentivar otros canales de comunicación entre la empresa y el cliente que le resulten a este menos violentos que la presentación de una queja de modo presencial.

Porque los canales de comunicación no son claros

– Es posible que la persona desconozca cómo transmitir la queja o que el trámite requiera demasiado tiempo y las soluciones que se plantean no resulten del todo favorables.

Porque cree que a la empresa no le interesa

– Cuando la empresa es capaz de comunicar a sus clientes la preocupación por su satisfacción fomenta su voluntad de participar en la expresión de quejas.

3. Elaboración de una queja

 **HILO CONDUCTOR**

Ante una queja como la recibida, el hotel Solyluna sabe que debe seguir una serie de pasos para atenderla de manera correcta. Estos pasos son: afrontarla con rapidez, escuchar al cliente, manifestar comprensión, disculparse, ofrecer una solución, solventar el problema, ofrecer un plus y asegurarse de que el cliente queda satisfecho. Solo así conseguirá que el problema no le acarree consecuencias negativas.

Ante una queja de un cliente, es fundamental seguir un **procedimiento sistematizado** en el que se den los siguientes pasos:

1. **Afrontar la queja sin demora:** ante una queja de un cliente es imprescindible actuar con la mayor celeridad posible. Abordar el problema con rapidez le hará al cliente darse cuenta de que la empresa tiene interés en ayudarle y evitará que pueda enfadarse, empeorándose con ello la situación. Ante una queja personal, se debe dejar lo que se está haciendo para centrarse en atender a la persona; ante una queja por escrito, no debe dejarse pasar mucho tiempo para responderla.

2. **Escuchar al cliente:** escuchar con atención las palabras del cliente es fundamental, pues, por una parte, hay que conocer los detalles de la queja para saber en qué se está fallando y, por otra, conviene mostrar interés por la situación para tratar de apaciguar el ánimo de la persona. Mostrarse distraído, atendiendo a otras cosas mientras el cliente habla, o interrumpirlo no solo hará que no se entienda bien el problema, sino que enfadará a la persona.

3. **Manifestar comprensión:** independientemente de que el cliente lleve o no razón, es necesario mostrarse comprensivos y demostrarle que se entiende el problema y que se tiene interés en el asunto y deseo de ayudarle. Deben evitarse gestos de fastidio y se han de realizar preguntas que, además de proporcionar información sobre los hechos, manifiesten interés y contribuyan a calmar a la persona. Nunca se debe discutir con el cliente.

4. **Disculparse:** en el caso de que el cliente lleve razón, es imprescindible ofrecer disculpas sinceras. Para ello pueden emplearse frases como *le ruego que nos disculpe* o *le agradezco que nos comunique su malestar,* y a continuación, si fuera necesario, proporcionar una breve explicación sobre lo ocurrido y prometerle que no volverá a suceder. Hay que tener en cuenta que no todas las quejas serán lícitas, y en ocasiones habrá que hacerle saber al cliente con amabilidad que no tiene la razón.

5. **Ofrecer una solución:** a continuación, se debe brindar una posible solución, intentando ofrecer una que satisfaga a las dos partes. Esta solución puede consistir en la devolución del dinero pagado, en volver a realizar un trabajo que no lo dejó satisfecho o, en caso de haber recibido una mala atención por parte de un trabajador, prometerle hacer las averiguaciones correspondientes.

6. **Solventar el problema:** una vez transmitida al cliente la posible solución, y habiendo sido aceptada por él, se debe ejecutar de manera inmediata. Cuanto antes se solvente el problema, mayor será la satisfacción del cliente. En el caso de que el problema exija tiempo para poder ser resuelto, se le puede comunicar al cliente que ya se han comenzado a realizar las gestiones pertinentes para resolverlo y que se volverá a contactar con él tan pronto como sea posible.

7. **Ofrecer un plus:** una vez resuelto el problema, conviene ofrecerle al cliente algo más en compensación por las molestias que se le hayan ocasionado. Por ejemplo, si se le ha cambiado un producto porque estaba

defectuoso, se le podría ofrecer un descuento para su próxima compra. Ofrecer ese plus nos hace rebasar las expectativas del cliente, con lo que muy probablemente termine recordando el proceder de la empresa tras su queja mucho más que el problema que la originó y que además se lleve una buena impresión de quien lo atendió.

8. **Asegurarse de que el cliente queda satisfecho:** tras la resolución del problema, es importantísimo llevar a cabo un seguimiento del cliente y asegurarse de que ha quedado satisfecho con el acuerdo alcanzado. Manifestar interés por el cliente y volver a comunicarse con él podrá redundar en la conversión de una queja en una oportunidad de negocio, pues sin duda surgirán posibilidades de ofrecerle nuevos productos o servicios que puedan ser de su interés.

Una **queja bien gestionada** resulta positiva por diversos motivos:

➲ Permite mejorar los procedimientos de trabajo de la empresa.
➲ Transmite una imagen de marca positiva.
➲ Hace sentir al cliente importante, lo que fortalece la relación con él.

Por el contrario, una **queja mal llevada** acarreará consecuencias negativas a la empresa. No solamente se puede perder al cliente afectado, sino que, además, este difundirá el problema entre sus conocidos, haciendo una mala publicidad.

 SABÍAS QUE...

Un cliente insatisfecho habla de su experiencia con una media de once personas; uno satisfecho, con dos.

 APLICACIÓN PRÁCTICA

Analiza la siguiente situación y determina si se cumplen los ocho pasos básicos que deben seguirse ante las quejas. Para ello deberás relacionar los diálogos con los pasos y observar si se dan todos.

CLIENTE: Hola, buenos días, tengo un problema con mi habitación.

Continúa en página siguiente >>

<< Viene de página anterior

RECEPCIONISTA: Oh, muy buenos días. Dígame de qué se trata.

C.: Es muy ruidosa.

R.: Dígame exactamente cuál es el problema. ¿Se refiere usted a ruidos de la calle?

C.: Sí, se oyen mucho los ruidos de la calle y también he estado oyendo toda la noche pasos en el piso de arriba.

R.: Vaya, lo siento. A veces las paredes parecen de papel. Podemos cambiarle de habltación. ¿Le gustaría?

C.: Sí, me gustaría cambiarme a una habitación interior si es posible.

R.: De acuerdo. Déjeme verificar la disponibilidad. Se quedará usted dos noches más, ¿no es así?

C.: Así es.

R.: Perfecto. Tenemos disponibles dos habitaciones que dan al patio trasero y son muy silenciosas. Creo que la 305 es perfecta, pues además no tiene ninguna habitación encima.

C.: Gracias.

R.: Se la cambio ahora mismo y pido que trasladen sus pertenencias mientras usted desayuna. ¿Le parece bien?

C.: Muchas gracias. Me parece genial.

R.: Le pido sinceras disculpas por el inconveniente. Aquí tiene la llave de la nueva habitación. Firme aquí, por favor.

C.: Muchas gracias.

R.: En compensación por las molestias ocasionadas, le ofrecemos un descuento del 5 % en su próxima estancia. ¿Le parece bien?

C.: ¡Estupendo! Muchísimas gracias.

R.: Le reitero nuestras disculpas y en cuestión de media hora tendrá usted su equipaje trasladado.

C.: Muchas gracias, muy amable.

R.: Gracias a usted. Buenos días. Mañana me indica qué tal le va en la nueva habitación.

Solución

Afrontar la queja sin demora: el recepcionista comienza a atender al cliente nada más llega al mostrador de recepción. *Oh, muy buenos días. Dígame de qué se trata.*

Escuchar al cliente: el recepcionista muestra en todo momento atención a lo que el cliente le cuenta. *Dígame exactamente cuál es el problema. ¿Se refiere usted a ruidos de la calle?*

Continúa en página siguiente >>

<< Viene de página anterior

Manifestar comprensión: el recepcionista ha mostrado su comprensión en todo momento. *A veces las paredes parecen de papel.*

Disculparse: el recepcionista se disculpa en varias ocasiones. *Vaya, lo siento. Le pido sinceras disculpas por el inconveniente.*

Ofrecer una solución: el recepcionista le ofrece un cambio de habitación al cliente. *Podemos cambiarle de habitación. ¿Le gustaría?*

Solventar el problema: en cuanto el recepcionista recibe la queja, se pone manos a la obra para resolverla y cambia la habitación al cliente. *Se la cambio ahora mismo y pido que trasladen sus pertenencias mientras usted desayuna.*

Ofrecer un plus: el recepcionista le ofrece al cliente un descuento del 5 % para su próxima estancia. *En compensación por las molestias ocasionadas, le ofrecemos un descuento del 5 % en su próxima estancia.*

Asegurarse de que el cliente queda satisfecho: el recepcionista le pide al cliente que le comente al día siguiente qué tal le va en la nueva habitación. *Mañana me indica qué tal le va en la nueva habitación.*

- -

 TAREA 1

Irene reserva una habitación en el hotel Solyluna a través de un portal de internet.

Al hacer la reserva, la web le muestra un aviso mediante el cual se le informa de que los cambios o modificaciones se penalizan con el 50 % del precio de una noche.

Tras terminar el proceso, se da cuenta de que no ha elegido las fechas correctamente y decide contactar con el servicio de atención al cliente mediante un formulario que aparece en la web.

Si tú fueras el encargado de contestar al cliente, ¿cómo procederías?

- -

4. Descripción del proceso de gestión de quejas

☞ HILO CONDUCTOR

El hotel Solyluna, consciente de la importancia de realizar una buena gestión de las quejas que pueda recibir de sus clientes, tiene implantado un sistema de gestión de estas, y para ello cuenta con personal entrenado en la tramitación de las quejas, un método de difusión del sistema con fácil acceso, formatos a disposición de los usuarios para la recogida de quejas y diversos medios para la presentación.

El manejo efectivo de las quejas se hace en beneficio del cliente; no obstante, posee una ventaja que va más allá de la simple satisfacción individual. Si la información obtenida de la queja se difunde por toda la empresa, y especialmente hacia la dirección, pueden llegar a producirse mejoras en los procedimientos y a reducirse o incluso eliminarse los motivos de la insatisfacción.

Aquí es donde entra en juego la gestión de las quejas, en la **difusión de la información recabada con el fin de localizar y corregir los motivos que provocaron la incidencia** (el simple tratamiento se limita a dar una respuesta concreta al cliente descontento).

En el proceso de gestión de las quejas es imprescindible delimitar procedimientos que hagan fluir la información obtenida de los clientes y la dirijan hacia quienes pueden tomar decisiones dentro de la empresa.

El proceso de transformación de las quejas de los clientes en información útil para la empresa supone la existencia de un potente sistema para la gestión de quejas, el cual permitirá **conocer el nivel de calidad con que la entidad actúa y proveer de canales para la participación de los clientes en la mejora integral.**

Para que este sistema resulte eficaz, debes tener en cuenta algunos aspectos fundamentales.

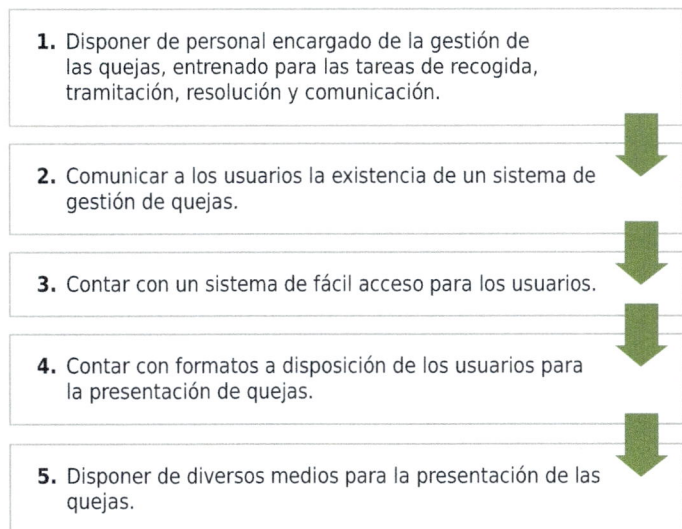

1. Disponer de personal encargado de la gestión de las quejas, entrenado para las tareas de recogida, tramitación, resolución y comunicación.

2. Comunicar a los usuarios la existencia de un sistema de gestión de quejas.

3. Contar con un sistema de fácil acceso para los usuarios.

4. Contar con formatos a disposición de los usuarios para la presentación de quejas.

5. Disponer de diversos medios para la presentación de las quejas.

Todo sistema de gestión de quejas debe ubicarse dentro del siguiente marco de referencia:

Política empresarial orientada al cliente	Compromiso empresarial con la gestión de las quejas	Principios de responsabilidad y autoridad
- Debe ser conocida por todo el personal y por los usuarios y estar fundamentada en objetivos y procedimientos para cada tarea del personal implicado en el proceso.	- Debe promoverse desde la alta dirección y permitir tanto al personal como a los usuarios colaborar en la mejora de los procedimientos y productos de la entidad.	- Deben concretar las tareas y responsabilidades de todo el personal de la empresa.

La gestión de quejas ofrece a los clientes una oportunidad de **solventar los inconvenientes** que se les haya podido ocasionar y a su vez debe entenderse como una herramienta de defensa con la que cuenta la empresa para que los usuarios insatisfechos no prescindan de sus servicios.

CONSEJO

Las empresas harían bien en incitar a sus clientes insatisfechos a que comuniquen sus quejas y en invertir recursos para facilitar su gestión. Conviene gratificar con generosidad las quejas de los clientes insatisfechos, pues aportan a la empresa una posibilidad de recuperar clientes que de otro modo se perderían.

La gestión de quejas puede resultar muy efectiva de cara a la **fidelización de clientes,** ya que puede aumentar la percepción de estos sobre la utilidad del producto que adquieren.

 IMPORTANTE

El aumento de las quejas suele crear una percepción errónea en la empresa, pues se entiende como una cosa negativa, al no plantearse el costo de oportunidad de no recibir esas quejas. Pero es importantísimo entender que un número de quejas pequeño no siempre supone un número pequeño de problemas con los consumidores. Si el volumen de quejas disminuye pero no la cantidad o la complejidad de las incidencias, a largo plazo empezarán a perderse clientes y la imagen de la empresa se deteriorará.

Los clientes insatisfechos suelen hablar mal de la empresa, lo que incide en su reputación. Por su parte, los clientes cuyos problemas se han resuelto con eficacia y rapidez tienden a ser incluso más leales que aquellos que nunca han tenido un problema con la empresa.

La gestión de las quejas de los clientes debe estar basada en una **escucha activa** de lo que tienen que decir acerca de los productos ofrecidos y manejar el resultado de este proceso a las prácticas de gestión de la empresa.

A modo de ejemplo te mostramos el siguiente vídeo en el que podrás anotar algunos consejos a tener en cuenta ante una queja.

 **VÍDEO**

En este vídeo, Xavi Iglesias, formador y experto en sala, nos ofrece algunos consejos sobre qué hacer cuando un cliente muestra su descontento con algún plato o con el servicio ofrecido en un restaurante.

https://redirectoronline.com/adgd268po0101

5. Tratamiento de las quejas y la recogida de información

👉 **HILO CONDUCTOR**

El hotel Solyluna, lejos de dejar cualquier asunto a la improvisación, tiene implantado un procedimiento de trabajo para saber en todo momento cómo actuar ante una queja de un cliente.

El procedimiento implantado para el tratamiento de quejas en una empresa dependerá de su propio criterio. Las fases de un procedimiento tipo de resolución interna de quejas son:

Veamos en qué consiste cada una de estas fases:

- **Difusión del procedimiento:** en esta etapa se establecen las tareas de difusión del procedimiento, con el fin de que tanto el personal como los usuarios de la empresa sepan de la existencia del procedimiento de gestión de quejas y sus características: funciones, personas responsables, puntos donde puedan presentarse las quejas, forma en que deben presentarse las incidencias, plazos y opciones de resolución, etc. Los medios para dicha difusión dependerán de cada empresa; los más utilizados son:

  - Circulares informativas.
  - Tablón de anuncios.
  - Folletos publicitarios.
  - Información digital.
  - Charlas informativas.

- **Recepción de la queja:** la recepción de la queja se debe poder realizar mediante distintos medios: personal, telefónico, escrito, electrónico, etc., los cuales se deberán adecuar a la cumplimentación de un formulario estándar de quejas en el que se recojan datos importantes para la gestión y el tratamiento de la incidencia, tales como:

  - Datos de la persona reclamante.
  - Producto, servicio o procedimiento motivo de la queja.
  - Descripción de la queja.
  - Solución que se propone.
  - Plazo límite de respuesta.
  - Datos sobre el personal relacionado con la incidencia.

- **Acuse de recibo:** se debe mandar una comunicación al reclamante indicándole que se ha recibido su queja y que se encuentra en proceso de resolución.
- **Registro:** toda la información que se recoja se almacenará y clasificará de forma que facilite su consulta y seguimiento, actualizándose de manera periódica según las novedades que se den.
- **Clasificación de la queja:** dependiendo del tipo de queja, se deberá establecer una clasificación que indique la urgencia con la que debe atenderse:

  - Prioridad alta: son quejas relacionadas con daños o perjuicios personales o con incumplimiento de la legalidad. Deben ser atendidas de forma urgente.
  - Prioridad media: son quejas referentes a productos o procedimientos que deben ser atendidas por el departamento de quejas y reclamaciones o el departamento de atención al cliente, que las gestionarán aportando una solución a corto-medio plazo.
  - Prioridad baja: son aquellas quejas que pueden ser gestionadas por cualquier empleado de la organización, al que se le habrá comunicado con anterioridad la autorización para hacerlo y bajo qué parámetros puede actuar. Se resolverán en el acto.

- **Investigación:** para cada incidencia recibida se deberán investigar sus causas, situaciones, personas implicadas y circunstancias. También es preciso determinar si la información obtenida de la investigación es suficiente para continuar con el proceso de resolución; en caso de que no fuese así, deberá profundizarse en la investigación.
- **Determinación de la viabilidad de la queja:** en caso de que se estime que es posible solventarla, se continuará con el proceso; si no fuese posible, habría que decidir si se sigue adelante y derivarla a un nivel superior de resolución.
- **Resolución:** en esta etapa se determinan las operaciones que se van a realizar y se comunica al usuario la decisión tomada.
- **Cierre y archivo:** si la solución ofrecida resulta satisfactoria para el reclamante, se terminará el proceso. En caso contrario, habrá que decidir si se continúa con el proceso en un nivel superior de resolución; si tras él se obtiene una respuesta satisfactoria, se procede al cierre y archivo de la incidencia.

En caso de que la empresa no contase con margen de actuación para resolver las quejas, debería proceder a una resolución externa.

Dependiendo del tratamiento que se dé a sus quejas, el cliente mostrará hacia la empresa una actitud determinada, la cual puede llevarle a realizar futuras transacciones con ella o a finalizar definitivamente la relación comercial.

IMPORTANTE

Cuando se atiende una queja y se hace de manera correcta, se puede hacer que un cliente insatisfecho vuelva a confiar en la empresa y siga contando con su oferta comercial. En caso de no atenderla bien, lo más seguro será que se pierda el cliente.

En el tratamiento de las quejas hay que evitar, ante todo, que se deteriore la relación con el cliente. Para ello, deben ponerse en juego todas las capacidades de atención al usuario (cortesía, escucha activa, empatía, claridad verbal, negociación...) para que el cliente quede contento con el trato recibido ante la queja expuesta.

CONSEJO

En el tratamiento de quejas y reclamaciones es de vital importancia ponerse en el punto de vista del cliente, atendiéndolo de la forma en que a nosotros nos gustaría que nos atendieran si estuviéramos en su lugar.

Para la recogida de quejas deben establecerse métodos sistemáticos de recopilación de información que permitan a la organización llevar a cabo un seguimiento del proceso y localizar problemas repetitivos.

Un **formulario** puede ser una buena elección para recoger las quejas de los clientes. Este facilita el proceso, pues es una forma de poner en contacto al cliente con el proveedor, de manera que queden registradas sus opiniones, con el fin de buscar una solución y evitar un conflicto. A través de determinadas preguntas, se recabará información sobre el servicio prestado al cliente y los motivos que causan su descontento.

El formulario debe reflejar aspectos como los datos personales del cliente, la fecha de entrada de la queja, si ha sido presentada de forma presencial, telemática o telefónica y la fecha en la que ha sido resuelta.

El formulario puede tener distintos **formatos,** tales como impreso o electrónico. Si la queja se recoge de manera presencial o telefónica, es conveniente trasladarla al formato habitual para una mayor facilidad de tratamiento posterior.

 **CONSEJO**

La recepción de las quejas es importante llevarla a cabo en un ambiente relajado y de confianza, pues solo así podrá evitarse una posible situación conflictiva con el cliente.

MI CUENTA El Corte Inglés   Servicios ∨   Ayuda   Idioma ∨   ☌ Iniciar sesión

CONSULTAS Y COMENTARIOS

¡Queremos escucharte!

CREAR CONSULTA   CONOCER ESTADO DE TU CONSULTA

Desde aquí nos puedes hacer llegar cualquier comentario, consulta sobre tus compras, o sobre tu experiencia en El Corte Inglés.

Datos personales

Para poder resolver tu duda y comentario necesitamos que nos indiques quién eres y formas de comunicarnos contigo. Si ya tienes una cuenta de usuario ingresa en Mi Cuenta para continuar con comodidad.

Nombre

Apellido   Segundo Apellido (Opcional)

Teléfono (opcional)   Correo electrónico
ES (+34) ∨   tucorreo@dominio.com

SIGUIENTE

Ejemplo de formulario de quejas de la página web de El Corte Inglés

ACTIVIDAD COMPLEMENTARIA

1. Localiza en internet tres empresas de renombre e investiga si en sus páginas ofrecen formularios para la recepción de quejas de los clientes.

   Una vez localizadas, indica las semejanzas y diferencias entre unas y otras. Tras ello, elabora un formulario personalizado en el que reflejes todos aquellos aspectos que sería importante que incluyera dicho formulario.

6. Contestación de las quejas

HILO CONDUCTOR

El hotel Solyluna ha entrenado a su personal para que, cuando reciba una queja de un cliente, siga una serie de reglas para contestarla: responder con rapidez, valorar la información del cliente y tratar de ponerse en su lugar, reconocer el error y disculparse, ofrecer soluciones personalizadas, resolver sin dilación el error, verificar la satisfacción posterior del cliente y evitar que la situación se repita.

Contestar una queja no es algo que deba dejarse a la improvisación, ya que todo el buen trabajo que se esté realizando puede venirse abajo por dar una mala respuesta ante un problema, el cual, bien resuelto, podría incluso reforzar la posición de la empresa.

A la hora de contestar las quejas de los clientes, deben seguirse algunas reglas:

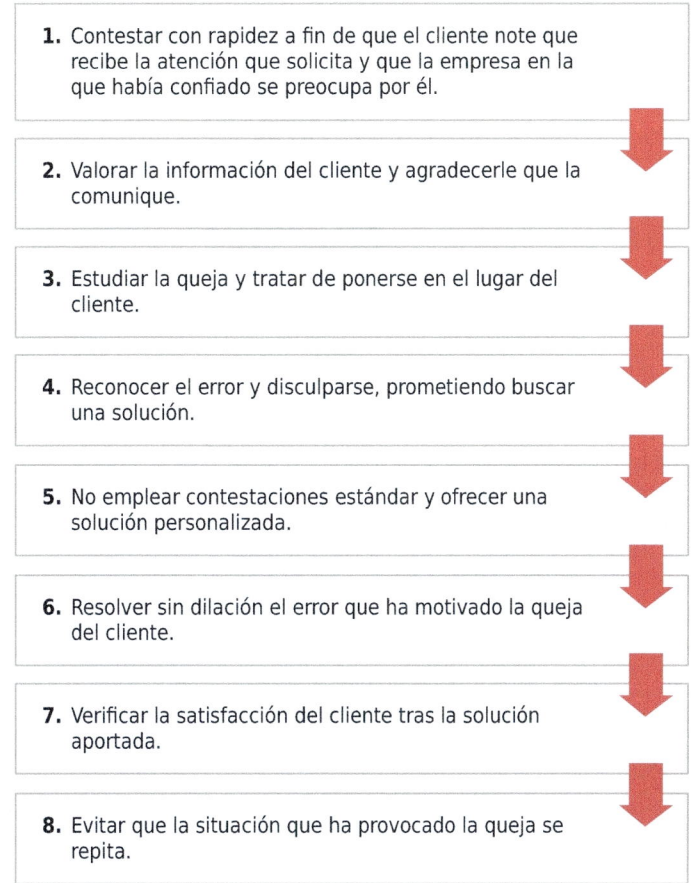

1. Contestar con rapidez a fin de que el cliente note que recibe la atención que solicita y que la empresa en la que había confiado se preocupa por él.

2. Valorar la información del cliente y agradecerle que la comunique.

3. Estudiar la queja y tratar de ponerse en el lugar del cliente.

4. Reconocer el error y disculparse, prometiendo buscar una solución.

5. No emplear contestaciones estándar y ofrecer una solución personalizada.

6. Resolver sin dilación el error que ha motivado la queja del cliente.

7. Verificar la satisfacción del cliente tras la solución aportada.

8. Evitar que la situación que ha provocado la queja se repita.

👁 EJEMPLO

Te presentamos el siguiente artículo en el que podrás leer la respuesta de McDonald's a un cliente que había notificado un mal servicio en uno de sus restaurantes.

Continúa en página siguiente >>

<< Viene de página anterior

https://redirectoronline.com/adgd268po0102

La contestación de las quejas debe aportar una **solución total o parcial al problema** que el cliente plantea y no debe alargarse en el tiempo más allá de un mes.

 CONSEJO

Siempre debe haber en la empresa una persona que se encargue del registro y seguimiento de las quejas, así como de las respuestas ofrecidas a los clientes.

TAREA 2

Alberto y Alicia son una pareja que, con motivo de su aniversario de boda, ha organizado una estancia de cinco días en el hotel Solyluna a través de internet. Al llegar a la habitación del hotel, se dan cuenta de que solo tiene una ventana que da a un ojo de patio y es demasiado pequeña comparada con las fotografías que se mostraban en la página web de habitaciones amplias y luminosas. Se dirigen a recepción y plantean su queja al recepcionista.

Redacta una posible respuesta a la queja presentada por estos clientes.

7. Creación de políticas que aumenten la recepción de quejas

☞ **HILO CONDUCTOR**

El hotel Solyluna tiene establecida una política que aumente la recepción de quejas. Para ello se ha asegurado de que los procedimientos referentes a las quejas están coordinados y que todos los departamentos los conocen y los implementan de igual modo; ha establecido un sistema de comunicación para que las quejas se transmitan desde los empleados hasta la alta dirección, y ha implementado una recompensa para los empleados que satisfagan a los clientes que se quejan. Todo ello con el objetivo de beneficiar a los clientes.

Como ya hemos visto anteriormente, **las empresas harían bien en incitar a sus clientes insatisfechos a que comuniquen sus quejas,** pues su gestión puede resultar muy efectiva de cara a la fidelización de clientes, al poder aumentar la percepción de estos sobre la utilidad del producto que adquieren.

Al hablar de políticas que aumenten la recepción de las quejas, se está haciendo referencia a aquellas políticas generales a las que se adscriben la mayoría de las empresas en lo que tiene que ver con la recepción de quejas de los clientes. En este sentido es importante observar cuatro principios:

1. Establecer una política de atención de quejas que beneficie a los clientes.

2. Asegurarse de que los procedimientos referentes a las quejas estén coordinados, que todos los departamentos los conozcan y los implementen de igual modo.

3. Implicar a todo el personal de la empresa.

4. Establecer un sistema de comunicación correcto para que las quejas se transmitan con facilidad y precisión desde los empleados hasta la alta dirección de la empresa. La dirección de la empresa debe estar al corriente de todas las quejas que reciben los empleados. Si estos empleados no son estimulados para que transmitan la información de los clientes a la dirección, la mayoría de las quejas se perderán.

👁 EJEMPLO

Accede al siguiente enlace de la organización CAFOD para conocer su política de quejas, en la que podrás observar los cuatro principios a los que hacemos referencia en este apartado:

1. Beneficio a los clientes. En el caso de los beneficiarios, CAFOD apoyará a las contrapartes a poner en marcha el método más adecuado para que los beneficiarios puedan plantearnos quejas, ya sea directamente o a través de la contraparte. Con este fin, CAFOD promoverá la necesidad de un mecanismo de manejo de quejas con las contrapartes y les prestará apoyo en el desarrollo de tales mecanismos en consonancia con los principios y prácticas descritos en este documento.
2. Procedimientos coordinados. Un mecanismo de manejo de quejas (MMQ) exitoso y eficaz solo se logrará si se desarrolla de una manera altamente participativa con representantes de todos los grupos interesados y si está integrado en las actividades del programa.
3. Implicación de los empleados. Todos los miembros del personal tienen la responsabilidad de recordar constantemente nuestra política a las partes interesadas y de que todos estamos disponibles para recibir quejas en cualquier momento. Tiene que convertirse en una parte de la cultura de CAFOD recordar a aquellos con quienes interactuamos que pueden formular una queja sobre las cosas con que están descontentos.
4. Sistema de comunicación. Todas las partes interesadas deben estar plenamente informadas y al corriente de la política y procedimientos de CAFOD para manejar las quejas en nuestros programas internacionales. CAFOD se comunicará con las contrapartes acerca de su derecho a presentar quejas y buscar reparación, y explicará el alcance completo de esta política.

https://redirectoronline.com/adgd268po0104

Para establecer una política de recepción de quejas efectiva la empresa debe considerar diversos aspectos referidos tanto a los clientes como a las quejas en sí.

Todos los clientes que se quejan

- Deben ser considerados amigos.
- Tienen derecho a que se les resuelva el problema.
- Merecen agradecimiento por tomarse la molestia de quejarse en lugar de simplemente abandonar la marca.

Todas las quejas

- Tienen justificación.
- Deben ser atendidas con rapidez y profesionalidad.
- Suponen una oportunidad para mejorar.
- Son un regalo para la empresa.

El **resultado de un tratamiento eficiente de las quejas** hará que:

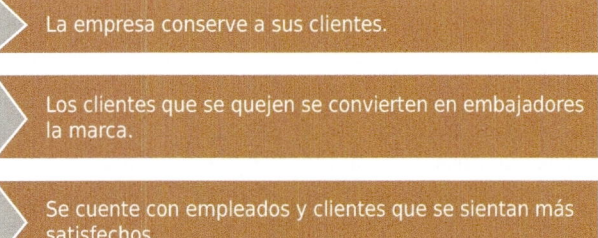

La empresa conserve a sus clientes.

Los clientes que se quejen se convierten en embajadores la marca.

Se cuente con empleados y clientes que se sientan más satisfechos.

A continuación, te citamos algunos **procedimientos que hablan de una política que aumente la recepción de quejas:**

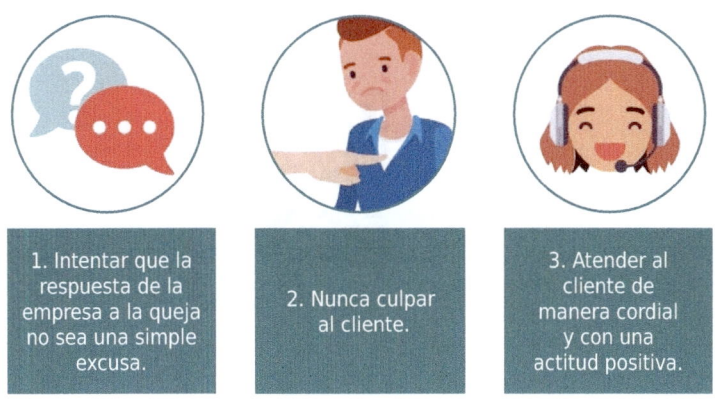

1. Intentar que la respuesta de la empresa a la queja no sea una simple excusa.

2. Nunca culpar al cliente.

3. Atender al cliente de manera cordial y con una actitud positiva.

Continúa en página siguiente >>

<< *Viene de página anterior*

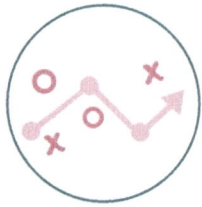

| 4. Establecer un horario de atención al cliente que le resulte conveniente. | 5. Poporcionar indicaciones visibles y claras para el caso de que el cliente desee devolver un producto. | 6. Dejar claras las vías de presentación de las quejas y el procedimiento que debe seguirse. |

 IMPORTANTE

Cuando se elaboran políticas de recepción de quejas, hay que evitar poner obstáculos que desanimen al cliente en su presentación.

- -

👁 **EJEMPLO**

En el siguiente enlace podrás conocer la política de quejas del British Council School.

https://redirectoronline.com/adgd2680103

- -

8. Resumen

Una **queja** es la expresión de un descontento realizada a una empresa acerca de alguno de sus productos o servicios con la única finalidad de que se solvente.

Ante una queja de un cliente, es fundamental seguir un procedimiento sistematizado en el que se den los **pasos** que a continuación veremos:

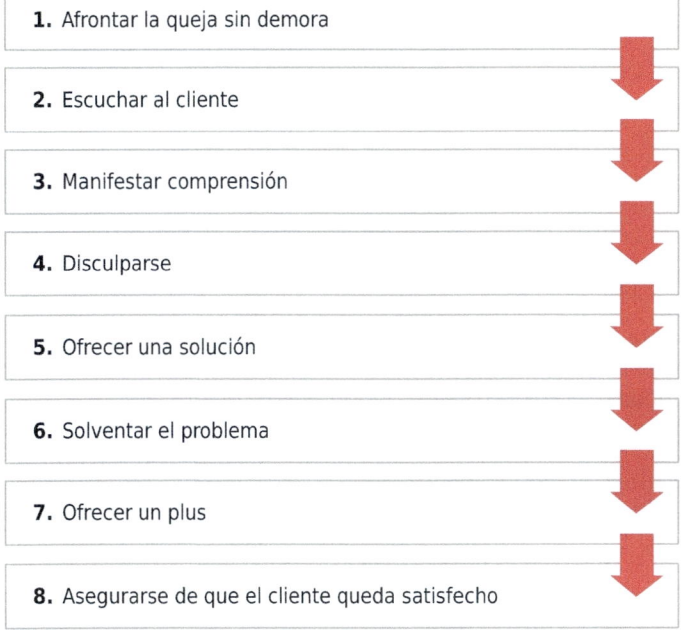

1. Afrontar la queja sin demora

2. Escuchar al cliente

3. Manifestar comprensión

4. Disculparse

5. Ofrecer una solución

6. Solventar el problema

7. Ofrecer un plus

8. Asegurarse de que el cliente queda satisfecho

El **proceso de gestión de quejas** debe tener en cuenta algunos aspectos fundamentales:

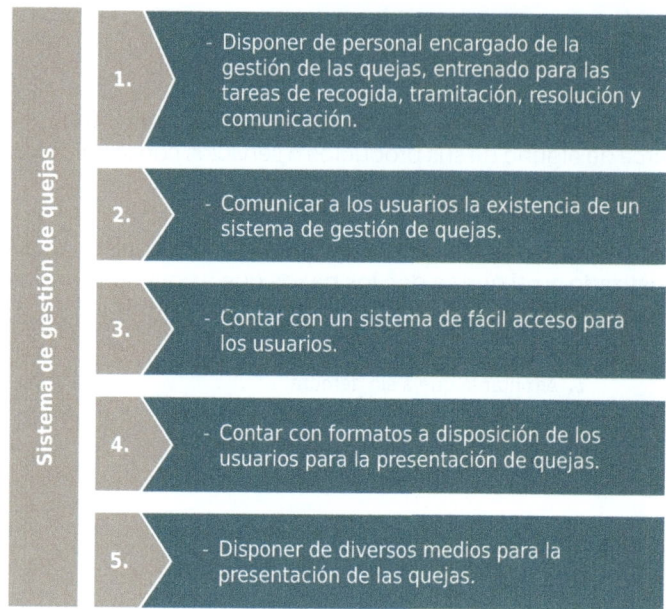

El procedimiento implantado para el **tratamiento de quejas** en una empresa dependerá de su propio criterio. A continuación, se muestran las fases de un procedimiento tipo de resolución interna de quejas:

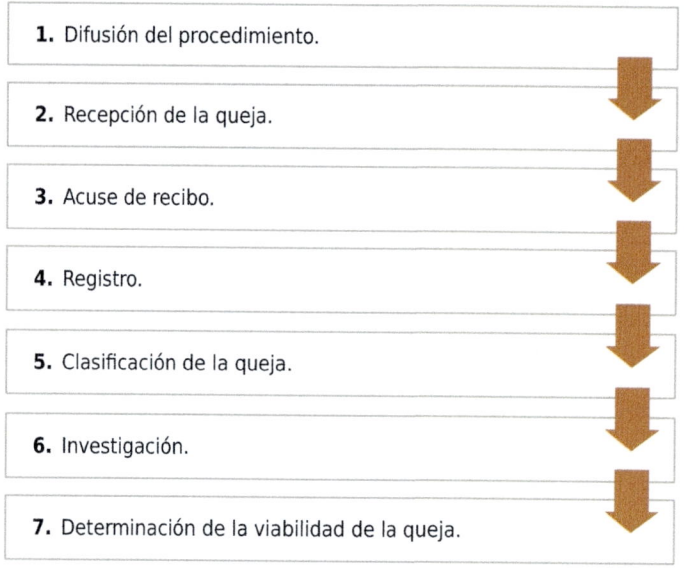

Continúa en página siguiente >>

<< Viene de página anterior

8. Resolución.

9. Cierre y archivo.

A la hora de **contestar las quejas de los clientes,** deben seguirse algunas reglas:

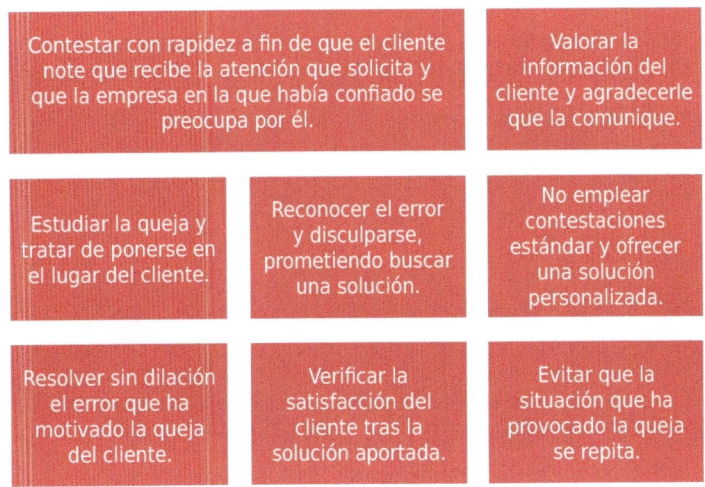

Al hablar de **políticas que aumenten la recepción de las quejas,** se está haciendo referencia a aquellas políticas generales a las que se adscriben la mayoría de las empresas en lo que tiene que ver con la recepción de quejas de los clientes. En este sentido es importante observar cuatro principios:

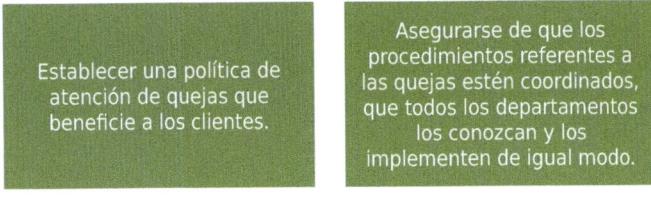

Continúa en página siguiente >>

<< Viene de página anterior

Implicación de todo
el personal de la empresa.

Establecer un sistema de
comunicación correcto para
que las quejas se transmitan
con facilidad y precisión desde
los empleados hasta la alta
dirección de la empresa.

Ejercicios de autoevaluación
Unidad de Aprendizaje 1

1. ¿Cuál es la finalidad de las quejas?

    a. Obtener una compensación económica.
    b. Que se solvente un problema.
    c. Comunicar una infracción administrativa.
    d. Tener un trato preferente en próximas interacciones.

2. Indica cuál de los siguientes no es un paso que debe realizarse ante las quejas:

    a. Escuchar al cliente.
    b. Disculparse.
    c. Solventar el problema.
    d. Defender la postura de la empresa si considera que no ha cometido error.

3. Determina si la siguiente oración es verdadera o falsa: "El simple tratamiento de las quejas se limita a dar una respuesta concreta al cliente descontento".

    ■ Verdadero
    ■ Falso

4. ¿Cuál de las siguientes opciones es el primer paso que debe darse en el tratamiento de las quejas?

    a. Difusión del procedimiento.
    b. Recepción de la queja.
    c. Investigación.
    d. Registro.

5. ¿Cuál de las siguientes opciones no es un paso que deba seguirse en el tratamiento de las quejas?

    a. Ofrecer un plus.
    b. Ofrecer una solución.

   c. Manifestar comprensión.
   d. Detectar al culpable.

6. Determina si la siguiente oración es verdadera o falsa: "Un cliente insatisfecho habla de su experiencia con una media de tres personas; uno satisfecho, con diez".

   ■ Verdadero
   ■ Falso

7. ¿Qué tipo de prioridad se asigna a las quejas relacionadas con daños o perjuicios personales o con incumplimiento de la legalidad?

   a. Prioridad baja.
   b. Prioridad media.
   c. Prioridad alta.
   d. Prioridad muy alta.

8. Indica cuál de las siguientes acciones es un error a la hora de contestar una queja de un cliente:

   a. Ponerse en el lugar del cliente.
   b. No agradecer que la comunique.
   c. Ofrecer una solución personalizada.
   d. Verificar la satisfacción del cliente tras la solución aportada.

9. Señala la opción incorrecta: Todos los clientes que se quejan...

   a. ... provocan problemas a la empresa.
   b. ... deben ser considerados amigos.
   c. ... tienen derecho a que se les resuelva el problema.
   d. ... merecen agradecimiento por tomarse la molestia de quejarse.

10. Ordena las fases de un procedimiento tipo de resolución interna de quejas:

   a. Recepción de la queja.
   b. Registro.

c. Acuse de recibo.
d. Investigación.
e. Clasificación de la queja.
f. Resolución.
g. Cierre y archivo.
h. Determinación de la viabilidad de la queja.
i. Difusión del procedimiento.

Gestión de las reclamaciones

Contenido

Objetivos

El objetivo general de esta Unidad de Aprendizaje es:

→ Aprender a gestionar las reclamaciones que los clientes puedan realizar ante las empresas.

El objetivo específico de esta Unidad de Aprendizaje es:

→ Elaborar una carta de reclamación.

1. Introducción

En ocasiones, ante un problema con un producto adquirido o un servicio contratado, las personas no reclaman a la empresa responsable por distintos motivos, como puede ser el desconocimiento de sus derechos y de cómo ejercitarlos, el apuro de mostrar su insatisfacción o la pereza de emprender un procedimiento de reclamación.

No obstante, es importante que los consumidores y usuarios defiendan sus derechos en materia de consumo y reclamen cuando sea preciso para evitar situaciones abusivas.

En este tema haremos un recorrido para conocer a fondo el principal instrumento con que cuentan los consumidores para defender sus derechos, la hoja de reclamaciones, y nos acercaremos al sistema de arbitraje, un mecanismo extrajudicial eficaz para la resolución de conflictos sin tener que pasar por el sistema judicial.

Para ilustrar este tema continuaremos ubicados en el hotel Solyluna, a través del cual aprenderemos cómo afrontar las reclamaciones de los clientes.

2. Definición de hoja de reclamaciones

👉 **HILO CONDUCTOR**

El hotel Solyluna posee hojas de reclamaciones a disposición de sus clientes. En recepción, en un lugar visible, hay un cartel con el logo de la comunidad autónoma donde radica, que indica lo siguiente: "Este establecimiento tiene hojas de quejas y reclamaciones a disposición de las personas consumidoras o usuarias que las soliciten".

En el tema anterior aprendimos que una **queja** era la expresión de un descontento realizada a una empresa acerca de alguno de sus productos o servicios con la única finalidad de que se solvente.

En este tema estudiaremos las **reclamaciones,** que igualmente son una expresión de un descontento realizada a una empresa acerca de alguno de sus productos o servicios, pero se distinguen de las quejas en que persiguen algún tipo de compensación por el perjuicio que se considera ha ocasionado la empresa.

IMPORTANTE

Ninguna empresa debería sentir miedo o rechazo ante las reclamaciones, sino que haría mejor en afrontarlas tratando de abordar y resolver las incidencias con profesionalidad y eficacia, ya que las reclamaciones suponen para las empresas una fuente de información para mejorar la calidad de sus productos o servicios.

- -

APLICACIÓN PRÁCTICA

En el hotel Solyluna se reciben de vez en cuando quejas y reclamaciones de los clientes. Responde si las siguientes acciones son quejas o reclamaciones:

a. **Buenos días. Me dijeron que el desayuno comenzaba a las 7 y cuando he bajado a las 7.10 todavía estaba el restaurante cerrado.**
b. **No me ha gustado nada este hotel. He pasado una noche malísima, con ruidos y una cama muy incómoda. Espero un descuento por esta noche.**
c. **Hay un ruido muy incómodo en mi habitación que creo que proviene de la alarma del pasillo. ¿Podrían revisarlo, por favor?**
d. **Estoy indignado. He llegado al hotel y pensé que tendrían aparcamiento para clientes y veo que no. Me he tenido que gastar el dinero en un aparcamiento público, así que espero que me lo descuenten de la factura final.**

Solución

Las acciones a y c son quejas porque se limitan a expresar un descontento con el único fin de que se solvente.

Las acciones b y d son reclamaciones porque persiguen algún tipo de compensación.

- -

En ocasiones, se desea oficializar las quejas para, ante la posibilidad de que la empresa no responda como el reclamante espera, poder informar de ello a la Administración pública y hacer así una mayor presión.

 **DEFINICIÓN**

Hoja de reclamaciones

Instrumento que pueden emplear los consumidores y usuarios para defender sus intereses y manifestar ante una empresa y ante la Administración pública su descontento en el caso de que un producto o servicio no posea las características por las que ha pagado y solicitar alguna compensación.

Mediante la hoja de reclamaciones el consumidor puede llevar a cabo dos **acciones:**

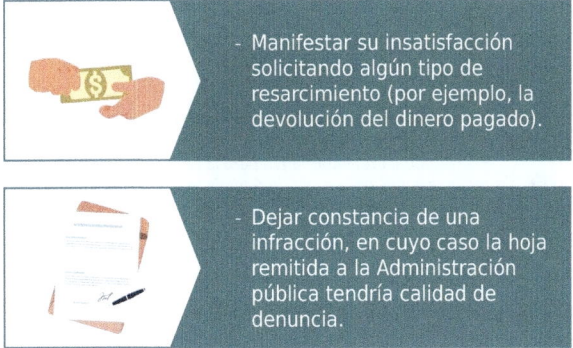

- Manifestar su insatisfacción solicitando algún tipo de resarcimiento (por ejemplo, la devolución del dinero pagado).

- Dejar constancia de una infracción, en cuyo caso la hoja remitida a la Administración pública tendría calidad de denuncia.

Su edición es llevada a cabo por las **comunidades autónomas,** que establecen que todas las empresas responsables de la producción, comercialización, distribución y venta de productos o servicios poseen la obligación de tener un libro de quejas y reclamaciones numerado y sellado a disposición de los consumidores y usuarios, aunque hay excepciones que eximen a determinados profesionales: fedatarios públicos retribuidos mediante aranceles, servicios públicos prestados directamente por la Administración, centros impartidores de enseñanza reglada...

Todos los establecimientos obligados a contar con hojas de reclamaciones deben mostrar de manera visible para el público un **cartel informativo homologado** (con las especificaciones que indique la normativa autonómica correspondiente) que avise de que se poseen hojas de reclamaciones a disposición de los consumidores.

Este establecimiento tiene hojas de quejas y reclamaciones a disposición de las personas consumidoras o usuarias que las soliciten.

This establishment has claim and complaint forms available to consumers or users that request them.

Para más información / For more information:
www.consumoresponde.es - consumoresponde@juntadeandalucia.es
Teléfono gratuito: 900 21 50 80

Ejemplo de cartel informativo para la presentación de reclamaciones de la Junta de Andalucía

Las hojas de reclamaciones pueden presentarse en **formato papel o electrónico** y su presentación es **gratuita** para el consumidor.

 IMPORTANTE

Si la empresa se opone a proporcionar las hojas de reclamaciones, el consumidor puede solicitar la asistencia de la Policía local para que levante acta del hecho y presentar la reclamación ante los organismos competentes en materia de consumo o ante una asociación de consumidores.

3. Realización de una hoja de reclamaciones

👉 HILO CONDUCTOR

El hotel Solyluna, ubicado en Málaga, dispone de un libro de hojas de reclamaciones editado por la Junta de Andalucía.

A la hora de rellenarlas, es imprescindible que el usuario siga atentamente las instrucciones que plantean y cumplimente cada apartado con cuidado y rigor, conservando en su poder dos copias y dejando una tercera para el hotel.

Tanto el hotel como el usuario reclamante deberán firmar la hoja para dar conformidad a su presentación.

Las hojas de reclamaciones en **formato papel** suelen estar formadas por un set de tres hojas autocalcantes:

> Una hoja, para la Administración de consumo competente.

> Una hoja para el usuario que reclama.

> Una hoja para la empresa reclamada.

Cuando el consumidor realiza una reclamación, se debe quedar con dos hojas: una que presentará en la Administración de consumo si no obtiene una respuesta satisfactoria por parte de la empresa a la que reclama y otra que deberá conservar en su poder como prueba de haber presentado la reclamación.

 IMPORTANTE

Para tramitar una hoja de reclamaciones correctamente es imprescindible cumplimentarla de manera adecuada, leyendo con atención las instrucciones que aparecen en su reverso y rellenando todos los apartados.

Las hojas de reclamaciones suelen constar de los siguientes campos:

Membrete del organismo que las emite
- Situado en la esquina superior izquierda.

Número de reclamación
- Situado en la esquina superior derecha.

Datos de la parte reclamante
- Nombre del consumidor, DNI, domicilio, teléfono y correo electrónico.

Datos de la parte reclamada
- Nombre de la empresa, razón social, CIF, domicilio, teléfono y correo electrónico.

Motivo de la reclamación
- Explicación detallada, clara y concisa de los hechos que han ocurrido, cómo han sucedido y cuál es el desacuerdo con el que la persona se encuentra. En caso de ser necesario, se puede utilizar una hoja aparte y explicar los hechos de forma más completa.

Pretensiones
- Se debe señalar cuál es la solución que se propone o la compensación que se desea en el caso de que proceda.

Documentos adjuntos
- Documentos que acompañarán a la reclamación y que pueden servir de prueba y para darle fuerza: factura o recibo de compra, presupuestos, contratos, folletos publicitarios, fotografías, etc.

Otros datos
- En la hoja de reclamaciones suele aparecer una casilla que podrá marcarse para que tanto la persona reclamante como la empresa acepten someterse a mediación por parte de los organismos competentes e incluso a arbitraje si se da el caso. En ocasiones, la firma del documento ya implica un consentimiento implícito para que intervenga un organismo que realice las funciones de mediación.

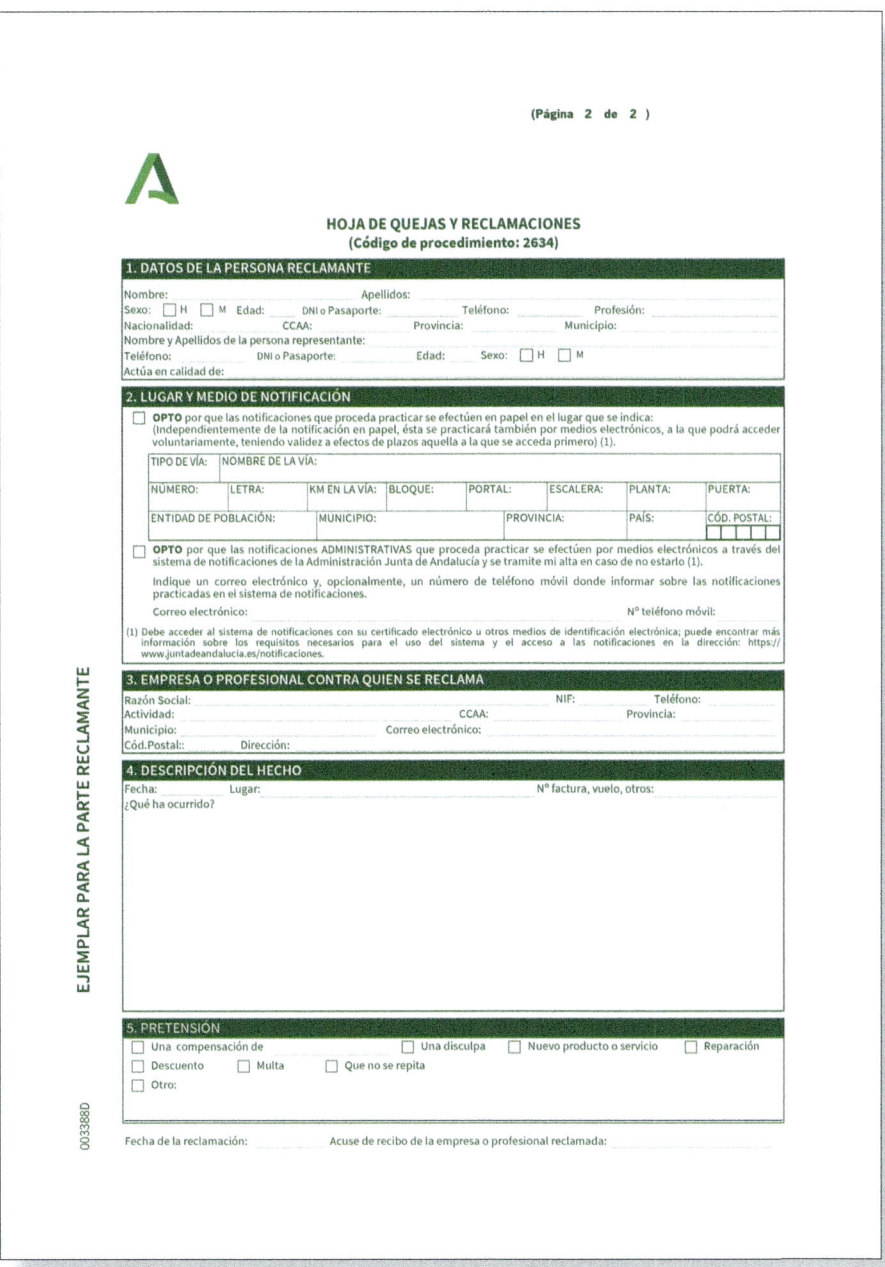

Ejemplo de hoja de quejas y reclamaciones

Ambas partes, reclamante y reclamada, deberán firmar la hoja de reclamaciones.

También existe la posibilidad de presentar las hojas de reclamaciones en **formato electrónico.**

 EJEMPLO

Puedes acceder al siguiente enlace para dirigirte al servicio de tramitación electrónica de hoja de quejas y reclamaciones de la Junta de Andalucía.

https://redirectoronline.com/adgd2680200

Para poder acceder a este servicio de tramitación electrónica es imprescindible que el usuario haya iniciado sesión con su certificado digital.

 ACTIVIDAD COMPLEMENTARIA

2. Localiza en internet la hoja de reclamaciones tipo de tu comunidad autónoma y el cartel informativo homologado.

Posteriormente, contesta las siguientes preguntas:

- ¿Te ha costado mucho localizar las hojas de reclamaciones?
- ¿Cuentan esas hojas de reclamaciones con las partes obligatorias que has visto?
- ¿Recuerdas haber visto el cartel informativo en los comercios o empresas a los que sueles ir?
- ¿Alguna vez has cumplimentado una hoja de reclamaciones? ¿Por qué fue?

4. Tramitación de las hojas de reclamaciones

☞ HILO CONDUCTOR

El hotel Solyluna tiene estipulado en su política de reclamaciones responder a todas las reclamaciones que sus clientes presenten dentro del plazo de diez días hábiles que marca la ley.

Este hotel no se encuentra adherido al sistema electrónico de reclamaciones, por lo que quien desee realizar una reclamación por vía electrónica deberá interponerla de manera convencional y posteriormente remitirla a la Administración de forma telemática escaneando toda la documentación aportada.

- -

Una vez cumplimentada la hoja de reclamaciones, el establecimiento entregará al usuario su copia y la que va destinada para la Administración, quedándose con la copia para la empresa.

Transcurridos diez días hábiles desde la presentación de la hoja de reclamaciones en la empresa, si el consumidor no ha recibido respuesta o la que ha recibido la considera inadecuada, puede hacer llegar el original de la reclamación a los organismos de consumo competentes, que pueden ser las oficinas municipales de consumo de su localidad (si tiene competencias en materia de consumo), la Dirección General de Consumo de la comunidad autónoma o el Instituto Nacional de Consumo.

La reclamación puede tramitarse de manera presencial, por correo o por medios telemáticos (en las administraciones que cuenten con ellos). En este último supuesto, pueden darse dos posibilidades:

Empresas adheridas al sistema electrónico de reclamaciones	Empresas no adheridas al sistema electrónico de reclamaciones
- Para empresas adheridas al sistema electrónico de reclamaciones, si el usuario dispone de certificado digital o firma electrónica, podrá realizar la tramitación de una hoja de reclamaciones de manera telemática. El sistema le facilitará un acuse de recibo que tiene valor probatorio del hecho de la presentación y del contenido de la documentación presentada. Además, se envía automáticamente un correo electrónico a la empresa reclamada comunicándole la entrada de su reclamación para que la conozca y pueda responderla. Cuando la empresa tenga la contestación, el sistema de hojas electrónicas le enviará un correo electrónico al usuario para que pueda conocer la respuesta ofrecida.	- En caso de que la empresa no esté adherida al sistema electrónico de reclamaciones, el consumidor podrá interponer una hoja de reclamaciones de manera convencional en la empresa reclamada y posteriormente remitirla a la Administración de forma telemática escaneando toda la documentación aportada.

 IMPORTANTE

El empleo de hojas de reclamaciones no excluye la posibilidad de exponer la reclamación a través de cualquier otro medio legal (por ejemplo, una denuncia) y no garantiza que el consumidor obtenga la indemnización que solicita.

Una vez recibida y registrada la reclamación en el órgano competente, se continuará con alguno de los pasos siguientes:

Traslado a otro organismo	Mediación
- La reclamación sería trasladada a otro organismo si los hechos que la causaron no fueran competencia de tales oficinas.	- La mediación es un procedimiento mediante el cual un tercero neutral e imparcial actúa para ayudar a las partes en conflicto a llegar a un acuerdo.

Arbitraje	Archivo
- El arbitraje es una vía extrajudicial, rápida, eficaz y económica que permite solucionar con facilidad los desacuerdos que se den entre los consumidores y las empresas.	- Cuando los hechos reclamados no pueden ser probados o calificados como infracción, la reclamación se archiva.

 RECUERDA

Los pasos para transmitir a una empresa nuestro descontento con un servicio prestado son los siguientes:

1. Comunicar la queja al personal de la empresa para que pueda solventar el incidente. Ante un conflicto, lo mejor es buscar un acuerdo amistoso, que suele ser más rápido y fácil.
2. En caso de que el problema no se resuelva, solicitar a la empresa la hoja de reclamaciones, cumplimentarla y presentarla allí mismo.
3. Si transcurridos diez días hábiles no se ha recibido respuesta o la que se ha recibido es inadecuada, hacer llegar el original de la reclamación a los organismos de consumo competentes.

 APLICACIÓN PRÁCTICA

Cristina y su pareja se alojaron en el hotel Solyluna el fin de semana pasado. Desde el primer momento no estuvieron a gusto en la habitación que se les había asignado, pues consideraban que estaba sucia

Continúa en página siguiente >>

<< Viene de página anterior

y era ruidosa. No obstante, no dijeron nada en recepción y esta misma mañana han acudido a la Oficina del Consumidor de su ayuntamiento y han presentado una hoja de reclamación solicitando la devolución del dinero pagado. ¿Consideras que han actuado correctamente?

Solución

Los pasos seguidos por Cristina y su pareja no han sido correctos, pues, antes de acudir a un organismo oficial, deberían haber expuesto su queja en el hotel. Si no les hubiesen dado una solución, podrían haber pedido una hoja de reclamaciones allí mismo y, en caso de no recibir respuesta en el plazo de diez días hábiles, entonces remitir una copia a la Administración. Siempre es preferible primero tratar de resolver los problemas directamente con la empresa.

5. Identificación de las claves para realizar las cartas de reclamaciones

☞ HILO CONDUCTOR

El hotel Solyluna ha recibido por burofax una carta de reclamación de un cliente que se hospedó en él la semana pasada. Es una carta bien detallada, donde se explican con claridad los hechos que motivan la reclamación y las pretensiones del cliente. Viene acompañada por diversos documentos relacionados con la estancia de esta persona en el hotel y, al haberse recibido por burofax, al reclamante le ha quedado constancia de que el mensaje ha sido recibido.

Si la entidad a la que se quiere reclamar no tiene obligación de poseer hojas de reclamaciones oficiales, o si así lo decide el consumidor, puede hacérsele llegar una carta de reclamación.

 **DEFINICIÓN**

Carta de reclamación

Carta que se escribe a una empresa para dejar constancia de que los derechos del consumidor han sido vulnerados en la adquisición de algún producto o servicio.

La carta de reclamación suele redactarse de forma personal, aunque a veces la empresa cuenta con formularios para ello.

Los elementos que debe contener una carta de reclamación son los siguientes:

- Datos de la parte reclamante
- Datos de la parte reclamada
- Fecha
- Motivo de la carta
- Pretensiones
- Plazo de subsanación
- Actuación en caso contrario
- Documentos adjuntos
- Despedida

Para que una carta de reclamación sea efectiva es preciso seguir algunas indicaciones:

A ordenador
- Es preferible escribir la carta a ordenador en lugar de a mano, pues su presentación será mas cuidada y se entenderá mejor.

Brevedad
- Es importante ser breves e ir directos al grano.

Orden y claridad
- Exponer el motivo de la reclamación y las pretensiones con orden y claridad es fundamental para evitar malentendidos.

Continúa en página siguiente >>

<< Viene de página anterior

Documentos adjuntos
- Es conveniente aportar documentos que atestigüen la veracidad de lo que se reclama: facturas, recibos, folletos publicitarios...

Copia
- Conviene quedarse con una copia de la carta de reclamación y, en caso de entregarla en mano, pedir que la empresa la firme y selle.

La carta de reclamación puede hacerse llegar a la empresa a través de distintos medios:

Personalmente	Telegrama
- La carta de reclamación se puede presentar en persona en la empresa a la que vaya dirigida, con el original y con una copia, y pedir que firmen y sellen la copia, la cual se conservará como prueba de que la parte reclamada la ha recibido.	- Mandar un telegrama con acuse de recibo y certificación de texto. En el telegrama se reducen las palabras hasta la mínima expresión, con objeto de ahorrar en el costo final, por lo que no es un sistema apropiado para mandar textos largos ni permite adjuntar documentos adicionales.

Burofax	Notario
- El servicio de burofax permite utilizar un número ilimitado de páginas y adjuntar, según se precise, tanto textos como imágenes. El burofax con acuse de recibo y certificación de texto deja testimonio de que el destinatario ha recibido el mensaje y de su contenido.	- La carta puede mandarse por mediación de un notario, el cual dará fe de la documentación que envía. Es un sistema lento y costoso.

 **IMPORTANTE**

Una carta de reclamación certificada y con acuse de recibo no es una prueba, desde el punto de vista judicial, de la reclamación hecha, ya que solo deja constancia de que se ha realizado el envío, pero no atestigua nada acerca de su contenido. Si se desea dejar constancia de que el destinatario ha recibido el mensaje y de su contenido, deberá emplearse el burofax con acuse de recibo y certificación de texto.

EJEMPLO

A continuación, te presentamos un modelo de carta de reclamación. En letra cursiva aparece el texto de la carta; en letra normal y entre corchetes se encuentran las indicaciones para rellenar los datos de acuerdo con el caso particular.

Continúa en página siguiente >>

<< Viene de página anterior

[Nombre de la parte reclamante] **[Nombre de la parte reclamada]**
[DNI]   [Dirección]
[Dirección]   [Persona o dpto. a que se dirige]
[Número de teléfono]
[Correo electrónico]

                                                                                [Fecha]

Estimado Sr./Sra. [apellido de la persona a la que se dirige la carta]:

*Le escribo para comunicarle mi descontento con su empresa tras la compra
de* [nombre del producto comprado]/ *contratación de* [nombre del servicio
contratado].

El pasado día [fecha] [explicación de los hechos que motivan la reclamación].

Por ello solicito que, en un plazo de [plazo en el que se desea que se resuelva
el asunto], [detalle de lo que se solicita].

*En caso de no recibir respuesta por su parte, iniciaré actuaciones hasta agotar
las vías legales.*

Adjunto [detalle de los documentos que acompañan a la carta].

Reciba un cordial saludo.

Modelo de carta de reclamación

- -

 TAREA 3

Imagina que hace una semana te compraste un par de zapatos. El mismo día en
que los estrenaste se te despegó la suela de uno de ellos. Pasaste por la tienda
al día siguiente para comunicarlo a la dependienta y esta no te dio ninguna
solución, con lo que te volviste a casa con los zapatos rotos y enfadado.

Escribe una carta de reclamación a la empresa. Para ello debes incluir todas
las partes que ya sabes que tienen estas cartas y puedes seguir el guion que
se proporciona en el ejemplo anterior.

- -

6. Conocimiento y desempeño de competencias

☞ HILO CONDUCTOR

El hotel Solyluna ajusta su actividad a la normativa estatal, autonómica y local, tratando de ser escrupuloso en ceñirse a normas como la Ley General para la Defensa de los Consumidores y Usuarios, la Ley 13/2003, de 17 de diciembre, de Defensa y Protección de los Consumidores y Usuarios de Andalucía y la normativa que marca el Ayuntamiento de Málaga en materia de consumo.

- -

La Constitución española, norma suprema del ordenamiento jurídico de nuestro país, dedica su artículo 51 a la defensa de los consumidores y usuarios.

Constitución española

- Artículo 51 -

51.1.
Los poderes públicos garantizarán la defensa de los consumidores y usuarios, protegiendo, mediante procedimientos eficaces, la seguridad, la salud y los legítimos intereses económicos de los mismos.

51.2.
Los poderes públicos promoverán la información y la educación de los consumidores y usuarios, fomentarán sus organizaciones y oirán a estas en las cuestiones que puedan afectar a aquellos, en los términos que la ley establezca.

52.3.
En el marco de lo dispuesto por los apartados anteriores, la ley regulará el comercio interior y el régimen de autorización de productos comerciales.

Para su cumplimiento, las diferentes Administraciones públicas confeccionan leyes relativas a la protección al consumidor cuyas competencias variarán en función del ámbito territorial.

Competencias de la Administración del Estado

Las competencias de la Administración del Estado tienen que ver con la promoción y el desarrollo de la protección y defensa de los consumidores y usuarios, especialmente en lo que respecta a:

- La elaboración y aprobación del Reglamento General de la Ley para la Defensa de los Consumidores y Usuarios, la ordenación técnico-sanitaria, las reglas sobre publicidad, etiquetado y presentación, las ordenaciones sobre aditivos.
- El apoyo y, en su caso, la subvención a las asociaciones de consumidores y usuarios.
- El apoyo al trabajo de las corporaciones autónomas y locales.
- La adopción de cuantas medidas sea preciso tomar para la protección y defensa de los derechos de los consumidores y usuarios.
- El ejercicio de la facultad sancionadora.
- La adopción de cualquier medida necesaria para el cumplimiento de lo determinado en la Ley para la Defensa de los Consumidores y Usuarios.

Competencias de las comunidades autónomas

Las competencias de las comunidades autónomas son plenas en lo que respecta al dictamen de normas de protección de los consumidores y usuarios en su sector geográfico (mediante leyes orgánicas complementarias de transferencia de competencias), la realización de inspecciones de consumo a empresas, la ejecución de campañas informativas y, en general, cualquier operación que acreciente la protección de los consumidores y usuarios.

Competencias de las corporaciones locales

La promoción y el desarrollo de la protección y defensa de los consumidores y usuarios son competencias de las corporaciones locales, de acuerdo con la legislación estatal y autonómica, concretamente en lo referente a:

- La información de los consumidores y usuarios a través de la implantación de las oficinas y los servicios precisos.
- La inspección de los productos o servicios para contrastar su identidad y origen, el cumplimiento de la legislación sobre precios, etiquetado, presentación y publicidad y sus condiciones de higiene y seguridad.
- La realización de inspecciones, controles y análisis o la colaboración en la realización por parte de otros organismos.
- El respaldo a las asociaciones de consumidores y usuarios.

➲ La adopción de medidas en casos de emergencias que conciernan a la salud o seguridad de los consumidores y usuarios.
➲ El ejercicio de la facultad sancionadora según su alcance.

7. Identificación de infracciones y sanciones

☞ HILO CONDUCTOR

El hotel Solyluna es cuidadoso a la hora de observar las normas que marca el Real Decreto Legislativo 1/2007, de 16 de noviembre, por el que se aprueba el texto refundido de la Ley General para la Defensa de los Consumidores y Usuarios y Otras Leyes Complementarias, pues sabe que cualquier infracción en materia de defensa de los consumidores y usuarios podría acarrearle sanciones que pueden oscilar entre 150 euros, para infracciones leves, y 1.000.000 de euros, para infracciones muy graves.

El 30 de noviembre de 2007 fue publicado en el BOE el **Real Decreto Legislativo 1/2007, de 16 de noviembre, por el que se aprueba el texto refundido de la Ley General para la Defensa de los Consumidores y Usuarios y Otras Leyes Complementarias,** que se aplica a las relaciones entre consumidores o usuarios y empresarios y que ha sufrido diversas modificaciones hasta llegar a la versión actual.

De acuerdo con los principios reconocidos en la Constitución Española en su artículo 51, esta norma tiene por objeto establecer el régimen jurídico de protección de los consumidores y usuarios en el ámbito de las competencias del Estado.

Esta norma se estructura en cuatro libros, y dentro del primero de ellos, dedicado a su ámbito de aplicación y a los derechos básicos de los consumidores y usuarios, encontramos un título dedicado a la potestad sancionadora, dentro del cual se incluye un capítulo sobre las infracciones y sanciones. Este capítulo abarca desde el artículo 47 al 52, en los cuales se definen las infracciones en materia de defensa de los consumidores y usuarios, la calificación y graduación de las infracciones, las sanciones, las sanciones accesorias, las personas responsables y su prescripción y caducidad.

⊃ **Artículo 47. Infracciones en materia de defensa de los consumidores y usuarios.** En este artículo se detallan las infracciones en materia de defensa de los consumidores y usuarios, que son:

◡ El incumplimiento de los requisitos, condiciones, obligaciones o prohibiciones de naturaleza sanitaria.

◡ Las acciones u omisiones que produzcan riesgos o daños efectivos para la salud o seguridad de los consumidores y usuarios, ya sea en forma consciente o deliberada, ya sea por abandono de la diligencia y precauciones exigibles en la actividad, servicio o instalación de que se trate.

◡ El incumplimiento o transgresión de los requisitos previos que concretamente formulen las autoridades competentes para situaciones específicas, al objeto de evitar contaminaciones, circunstancias o conductas nocivas de otro tipo que puedan resultar gravemente perjudiciales para la salud pública.

◡ La alteración, adulteración o fraude en bienes y servicios susceptibles de consumo por adición o sustracción de cualquier sustancia o elemento, alteración de su composición o calidad o incumplimiento de las condiciones que correspondan a su naturaleza.

◡ El incumplimiento del régimen de garantías y servicios posventa o del régimen de reparación de productos de naturaleza duradera.

◡ El incumplimiento de las normas reguladoras de precios, la imposición injustificada de condiciones sobre prestaciones no solicitadas o cantidades mínimas o cualquier otro tipo de intervención o actuación ilícita que suponga un incremento de los precios o márgenes comerciales.

◡ El incumplimiento de las normas relativas a registro, normalización o denominación de productos, etiquetado, envasado y publicidad de bienes y servicios, incluidas las relativas a la información previa a la contratación.

◡ El incumplimiento de las disposiciones sobre seguridad en cuanto afecten o puedan suponer un riesgo para los consumidores y usuarios.

◡ La obstrucción o negativa a suministrar datos o a facilitar las funciones de información, vigilancia o inspección.

◡ La introducción o existencia de cláusulas abusivas en los contratos, así como la no remoción de sus efectos una vez declarado judicialmente su carácter abusivo o sancionado tal hecho en vía administrativa con carácter firme.

◡ Las limitaciones o exigencias injustificadas al derecho del consumidor de poner fin a los contratos de prestación de servicios o suministro de productos de tracto sucesivo o continuado, la obstaculización al ejercicio de tal derecho del consumidor a través del procedimiento pactado, la falta de previsión de este o la falta de comunicación al usuario del procedimiento para darse de baja en el servicio.

◖ Toda actuación discriminatoria contra personas consumidoras vulnerables independientemente del motivo o contra cualquier consumidor o usuario por el ejercicio de los derechos que confiere esta ley o sus normas de desarrollo, ya sea no atendiendo sus demandas, negándoles el acceso a los establecimientos o dispensándoles un trato o imponiéndoles unas condiciones desiguales, así como el incumplimiento de las prohibiciones de discriminación previstas en el Reglamento (UE) 2018/302, cuando dicha actuación no sea constitutiva de delito.

◖ El uso de prácticas comerciales desleales con los consumidores o usuarios.

◖ Las conductas discriminatorias en el acceso a los bienes y la prestación de los servicios y, en especial, las previstas como tales en la Ley Orgánica 3/2007, de 22 de marzo, para la igualdad efectiva de mujeres y hombres, cuando no sean constitutivas de delito.

◖ La negativa a aceptar el pago en efectivo como medio de pago dentro de los límites establecidos por la normativa tributaria y de prevención y lucha contra el fraude fiscal.

◖ El incumplimiento de los deberes y prohibiciones impuestos por la Administración mediante órdenes o como medidas cautelares o provisionales dictadas con el fin de evitar la producción o continuación de riesgos o lesiones para los consumidores y usuarios, así como el incumplimiento de los compromisos adquiridos para poner fin a la infracción y corregir sus efectos.

◖ La obstrucción o negativa a suministrar las condiciones generales de la contratación que establece el artículo 81.1 de esta ley o cualquier otra información requerida por la Administración competente en el ejercicio de sus competencias de acuerdo con esta ley.

◖ El incumplimiento de las obligaciones en relación con los servicios de atención al cliente incluidas en esta norma.

◖ El incumplimiento del régimen establecido en materia de contratos celebrados fuera de los establecimientos mercantiles.

➲ **Artículo 48. Calificación y graduación de las infracciones.** Según este artículo, las infracciones podrán calificarse como leves, graves y muy graves, atendiendo a los criterios de riesgo para la salud, posición en el mercado del infractor, cuantía del beneficio obtenido, grado de intencionalidad, gravedad de la alteración social producida, generalización de la infracción y reincidencia.

➲ **Artículo 49. Sanciones.** En este artículo se detallan las sanciones que esta ley impone para las infracciones, que van en función de su gravedad:

◖ Infracciones leves: entre 150 y 10 000 euros, pudiéndose sobrepasar esas cantidades hasta alcanzar entre dos y cuatro veces el beneficio ilícito obtenido.

- ☺ Infracciones graves: entre 10.001 y 100.000 euros pudiéndose sobrepasar esas cantidades hasta alcanzar entre cuatro y seis veces el beneficio ilícito obtenido.
- ☺ Infracciones muy graves: ente 100.001 y 1.000.000 de euros, pudiéndose sobrepasar esas cantidades hasta alcanzar entre seis y ocho veces el beneficio ilícito obtenido.

➲ **Artículo 50. Sanciones accesorias.** La Administración pública competente podrá acordar como sanciones accesorias frente a las infracciones en materia de defensa de los consumidores y usuarios previstas en esta norma:

- ☺ El comiso de las mercancías objeto de la infracción que sean propiedad del responsable, salvo que ya se hubiere adoptado definitivamente para preservar los intereses públicos o que, pudiendo resultar de lícito comercio tras las modificaciones que procedan, su valor, sumado a la multa, no guarde proporción con la gravedad de la infracción, en cuyo caso podrá no acordarse tal medida o acordarse solo parcialmente en aras de la proporcionalidad.
- ☺ La publicidad de las sanciones leves y graves impuestas, cuando hayan adquirido firmeza en vía administrativa, así como los nombres, apellidos, denominación o razón social de las personas naturales o jurídicas responsables y la índole y naturaleza de las infracciones, siempre que concurra riesgo para la salud o seguridad de los consumidores y usuarios, reincidencia en infracciones de naturaleza análoga o acreditada intencionalidad en la infracción.
- ☺ El cierre temporal del establecimiento, instalación o servicio por un plazo máximo de cinco años en los casos de infracciones muy graves.
- ☺ La exigencia al infractor de rectificación de los incumplimientos identificados en la resolución que ponga fin al procedimiento.

➲ **Artículo 51. Personas responsables.** De acuerdo con este artículo, son responsables de las infracciones de consumo las personas físicas o jurídicas que dolosa o culposamente incurran en ellas.
Cuando en relación con los mismos bienes o servicios e infracciones conexas hayan intervenido distintos sujetos, cada uno será responsable de su propia infracción. Además, la responsabilidad de los coautores de una misma infracción será independiente y se impondrá a cada uno la sanción correspondiente a la infracción en la extensión adecuada a su culpabilidad y demás circunstancias personales.

➲ **Artículo 52. Prescripción y caducidad.** De acuerdo con este artículo, las infracciones muy graves prescribirán a los cinco años, las graves a los tres años y las leves al año. Las sanciones impuestas por la comisión de infracciones muy graves prescribirán a los cinco años, las impuestas por la comisión de infracciones graves a los tres años y las impuestas por infracciones leves al año.

8. Aplicación del arbitraje como alternativa

 **HILO CONDUCTOR**

El hotel Solyluna resolvió el año pasado dos conflictos con clientes a través del procedimiento del arbitraje, con lo que las partes evitaron pasar por los juzgados haciendo uso de un sistema más rápido y barato.

Es habitual que en las relaciones comerciales surjan conflictos, y el sistema tradicional para solventarlos pasa por acudir a los tribunales para que un juez los resuelva. Pero este sistema es lento, pues los juzgados están sobrecargados de trabajo, y además es caro. El arbitraje supone una alternativa eficaz para la resolución de conflictos.

 **DEFINICIÓN**

Arbitraje
Mecanismo extrajudicial por el cual las partes implicadas en un conflicto derivan voluntariamente su solución a un tribunal arbitral investido de la facultad de pronunciar una decisión denominada laudo arbitral, vinculante para ambas partes.

Tres son las características principales del arbitraje que hacen de él una buena alternativa al sistema judicial:

Rapidez	Especialización	Confidencialidad
- Un procedimiento judicial puede llegar a eternizarse en base de la presentación de recursos sucesivos. Por su parte, el arbitraje supone un método flexible y rápido fundamentado en la autonomía de la voluntad de las partes, las cuales deciden cómo y cuándo resolverlo.	- La complejidad que muchas veces adquieren los litigios causados en las relaciones entre clientes y proveedores precisa de árbitros cualificados que conozcan a fondo el sector y su problemática y que posean la formación adecuada para resolver el desacuerdo.	- A diferencia de las resoluciones judiciales, que son públicas, en un procedimiento arbitral las partes pueden acordar la confidencialidad de todo cuanto se trate.

IMPORTANTE

El arbitraje solo puede ser solicitado por los consumidores finales, no admitiéndose arbitrajes solicitados por empresarios y autónomos.

Mediante el arbitraje pueden resolverse conflictos de pequeña cuantía en materia de consumo entre consumidores o usuarios y vendedores o prestadores de servicios.

SABÍAS QUE...

El arbitraje tiene la misma fuerza ejecutiva que un proceso judicial, pero es un procedimiento que se rige por estándares diferentes y para emplearlo suele pactarse antes de que surja el problema, aunque también se puede hacer después de común acuerdo.

9. Conocimiento del marco legal y las ventajas del sistema arbitral

☞ HILO CONDUCTOR

El hotel Solyluna y los dos clientes con los que entró en conflicto el año pasado ahorraron en trámites burocráticos, tiempo y dinero al solventar sus diferencias a través del sistema arbitral en lugar de acudir a la vía judicial.

El marco legal que regula el sistema arbitral de consumo se basa en:

- ⊃ Los artículos 57 y 58 del Real Decreto Legislativo 1/2007, de 16 de noviembre, por el que se aprueba el texto refundido de la Ley General para la Defensa de los Consumidores y Usuarios y Otras Leyes Complementarias.
- ⊃ El Real Decreto 231/2008, de 15 de febrero, por el que regula el sistema arbitral de consumo.

Para lo no previsto por tales normas, se aplicará supletoriamente lo dispuesto en la **Ley 60/2003, de 23 de diciembre, de Arbitraje,** y, para el arbitraje electrónico y los actos llevados a cabo por vía electrónica, la **Ley 39/2015, de 1 de octubre,** del Procedimiento Administrativo Común de las Administraciones Públicas; y el **Real Decreto 203/2021, de 30 de marzo,** por el que se aprueba el Reglamento de actuación y funcionamiento del sector público por medios electrónicos.

La actividad de las Juntas Arbitrales de Consumo se rige por el **Real Decreto 231/2008, de 15 de febrero.** Por su parte, la **Ley 1/2002, de 21 de febrero, de Coordinación de las Competencias del Estado y las Comunidades Autónomas en materia de Defensa de la Competencia,** establece las normas específicas que deben cumplir los procedimientos arbitrales de consumo y reforzar la posición internacional de España como corte de arbitraje.

El sistema arbitral ofrece múltiples **ventajas:**

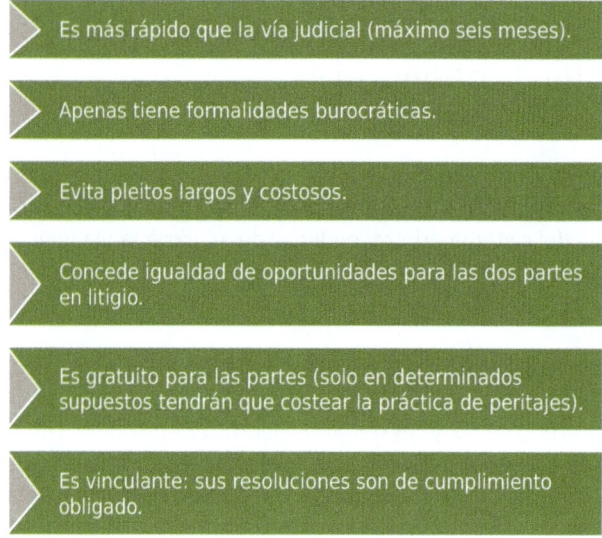

> Es más rápido que la vía judicial (máximo seis meses).

> Apenas tiene formalidades burocráticas.

> Evita pleitos largos y costosos.

> Concede igualdad de oportunidades para las dos partes en litigio.

> Es gratuito para las partes (solo en determinados supuestos tendrán que costear la práctica de peritajes).

> Es vinculante: sus resoluciones son de cumplimiento obligado.

10. Conocimiento del convenio y el procedimiento

☞ HILO CONDUCTOR

Una de las solicitudes de arbitraje a las que se enfrentó el hotel Solyluna el año pasado se realizó mediante la presentación de una hoja de reclamaciones oficial en la que el cliente marcó la casilla de la posibilidad de arbitraje; la otra fue presentada directamente en la oficina municipal de consumo. En ambos casos las solicitudes fueron admitidas a trámite, el hotel las aceptó y finalmente se llegó a una solución satisfactoria para ambas partes a través del laudo arbitral.

El arbitraje sigue un procedimiento cuyo punto de partida es el convenio arbitral.

 **DEFINICIÓN**

Convenio arbitral
Acuerdo mediante el cual dos o más partes deciden someter a arbitraje la resolución de sus diferencias.

- -

Un consumidor puede **iniciar un procedimiento de arbitraje** a través de tres caminos:

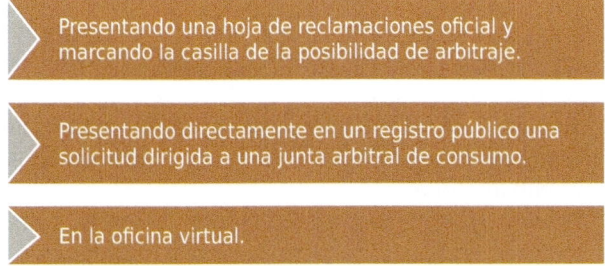

Presentando una hoja de reclamaciones oficial y marcando la casilla de la posibilidad de arbitraje.

Presentando directamente en un registro público una solicitud dirigida a una junta arbitral de consumo.

En la oficina virtual.

Cuando la solicitud llega a la junta arbitral de consumo, su presidencia puede tomar diversas decisiones:

- **Admitirla a trámite:** si la solicitud de arbitraje cumple con todos los requisitos exigidos en la ley, se la admitirá a trámite:

  - En caso de que la empresa se encuentre adherida al sistema arbitral de consumo, se le pasará la solicitud para que realice las alegaciones que considere oportunas o plantee un acuerdo con el reclamante.
  - En caso de que la empresa no se encuentre adherida al sistema arbitral de consumo, se le pasará igualmente la solicitud para que, si acepta el arbitraje, realice las alegaciones que considere oportunas o plantee un acuerdo con el reclamante. Si la empresa no acepta el arbitraje, que es voluntario, se comunicará al reclamante el archivo del expediente.

- **Rechazarla:** si la solicitud de arbitraje no cumple con los requisitos exigidos en la ley, serán rechazadas:

  - Solicitudes donde los conflictos versen sobre intoxicaciones, lesiones o muerte o en los que existan indicios de delito.

◑ Solicitudes en las que no se considere afectación de los derechos de los consumidores o usuarios.

El rechazo podrá ser recurrido por cualquiera de las partes ante la Comisión de Juntas Arbitrales de Consumo o mediante la junta arbitral de consumo de la comunidad autónoma correspondiente.

⮑ **Solicitar su subsanación:** si la solicitud de arbitraje no reúne los requisitos mínimos exigidos en la ley, se pedirá al reclamante su subsanación, la cual deberá llevarse a cabo en el plazo de quince días hábiles; si no se hace la subsanación, la solicitud será desestimada.

⮑ **Derivarla a otra junta arbitral de consumo:** en algunos casos la solicitud se derivará a otra junta arbitral de consumo:

◑ Cuando la empresa no esté adherida a la junta arbitral de consumo autonómica y sí a la municipal o provincial, se derivará a esta.

◑ Cuando la empresa no esté adherida a ninguna junta arbitral de consumo y el reclamante no haya manifestado su deseo de ir a una junta concreta, se derivará a la junta arbitral de consumo de inferior ámbito territorial.

◑ Cuando la empresa esté adherida a varias juntas arbitrales de consumo y el reclamante no haya manifestado su deseo de ir a una concreta, se derivará a la junta arbitral de consumo de inferior ámbito territorial.

Una vez admitida a trámite la solicitud y aprobado el arbitraje, si las partes no han alcanzado un acuerdo después de la mediación llevada a cabo con anterioridad por la junta arbitral de consumo, se determinará qué órgano arbitral debe llevar el asunto y se emplazará a las partes reclamada y reclamante al **acto de audiencia** para que aleguen lo que estimen oportuno.

El **órgano arbitral** podrá tratarse de un árbitro único —designado por la Administración o por las partes de común acuerdo— o de un colegio arbitral compuesto por tres árbitros (uno designado por la Administración, otro designado por las asociaciones de consumidores y usuarios y otro designado por instituciones empresariales).

Tras la celebración de la audiencia, el órgano arbitral dictaminará un **laudo** con el que se solventará el problema y que será de obligado cumplimiento.

En caso de que el laudo no satisfaga a las partes en conflicto, se podrá presentar, en el plazo de dos meses desde que se notificó, un **recurso de anulación** ante la audiencia provincial donde la junta arbitral tenga su sede o, en su caso, su **aclaración**.

 **VÍDEO**

En este vídeo de la Organización de Consumidores y Usuarios (OCU), podrás hacer un recorrido por lo que hemos visto en esta unidad, desde las hojas de reclamación (su formato, modo de rellenarlas y tramitación) hasta el arbitraje de consumo.

https://redirectoronline.com/adgd2680201

11. Resumen

Las **reclamaciones** son una expresión de un descontento realizada a una empresa acerca de alguno de sus productos o servicios, pero se distinguen de las quejas en que persiguen algún tipo de compensación por el perjuicio que se considera ha ocasionado la empresa.

La **hoja de reclamaciones** es un instrumento que pueden emplear los consumidores y usuarios para defender sus intereses y manifestar ante una empresa y ante la Administración pública su descontento en el caso de que un producto o servicio no posea las características por las que ha pagado y solicitar alguna compensación.

Las hojas de reclamaciones suelen constar de los siguientes campos:

Una vez recibida y registrada la reclamación en el órgano competente, continuará con alguno de los pasos siguientes:

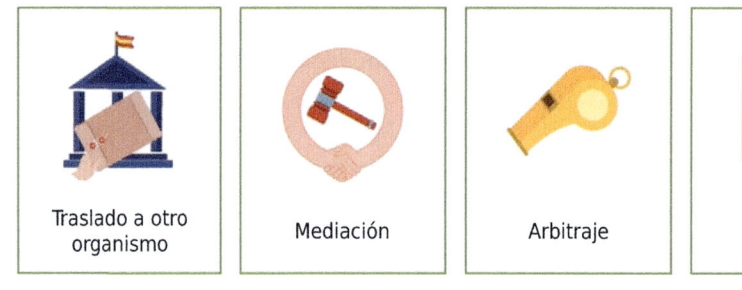

Si la entidad a la que se quiere reclamar no tiene obligación de poseer hojas de reclamaciones oficiales, o si así lo decide el consumidor, puede hacérsele llegar una **carta de reclamación,** que es una carta que se escribe a una empresa para dejar constancia de que los derechos del consumidor han sido vulnerados en la adquisición de algún producto o servicio.

Para el cumplimiento del artículo 51 de la Constitución española, las diferentes Administraciones públicas confeccionan leyes relativas a la protección al consumidor, y poseen distintas **competencias** en función de su ámbito geográfico.

El Real Decreto Legislativo 1/2007, de 16 de noviembre, por el que se aprueba el texto refundido de la Ley General para la Defensa de los Consumidores y Usuarios y Otras Leyes Complementarias, define en sus artículos 47 a 52 las **infracciones** en materia de defensa de los consumidores y usuarios y sus **sanciones.**

El **arbitraje** es un mecanismo extrajudicial por el cual las partes implicadas en un conflicto derivan voluntariamente su solución a un tribunal arbitral investido de la facultad de pronunciar una decisión denominada laudo arbitral, vinculante para ambas partes.

El **marco legal que regula el sistema arbitral de consumo** se basa en:

- Los artículos 57 y 58 del Real Decreto Legislativo 1/2007, de 16 de noviembre, por el que se aprueba el texto refundido de la Ley General para la Defensa de los Consumidores y Usuarios y Otras Leyes Complementarias.
- El Real Decreto 231/2008, de 15 de febrero, por el que regula el sistema arbitral de consumo.

El arbitraje sigue un procedimiento cuyo punto de partida es el **convenio arbitral,** un acuerdo mediante el cual dos o más partes deciden someter a arbitraje la resolución de sus diferencias. Cuando la solicitud llega a la junta arbitral de consumo, su presidencia puede tomar diversas decisiones:

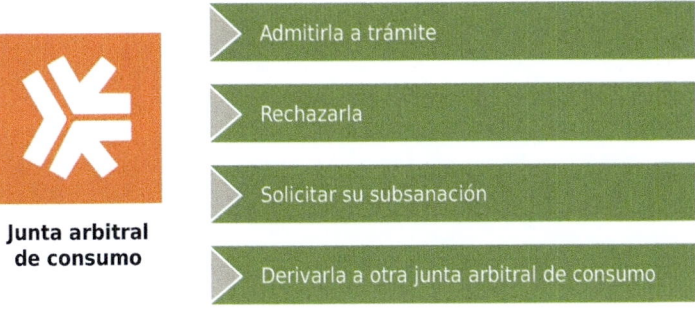

Junta arbitral de consumo

Admitirla a trámite

Rechazarla

Solicitar su subsanación

Derivarla a otra junta arbitral de consumo

Ejercicios de autoevaluación
Unidad de Aprendizaje 2

1. Indica si la siguiente afirmación es verdadera o falsa: "Las reclamaciones se distinguen de las quejas en que estas últimas persiguen algún tipo de compensación por el perjuicio que se considera ha ocasionado la empresa".

   ■ Verdadero
   ■ Falso

2. Determina si la siguiente afirmación es verdadera o falsa: "La presentación de las hojas de reclamaciones es gratuita para el consumidor".

   ■ Verdadero
   ■ Falso

3. Las hojas de reclamaciones en formato papel suelen estar formadas por un set de hojas autocalcantes. ¿Qué cantidad de hojas lleva el set?

   a. Dos
   b. Tres
   c. Cuatro
   d. Cinco

4. ¿Qué acción se lleva a cabo cuando los hechos reclamados no pueden ser probados o calificados como infracción?

   a. Archivo
   b. Traslado a otro organismo
   c. Mediación
   d. Arbitraje

5. ¿Cuál de las siguientes opciones no es una indicación correcta para que una carta de reclamación sea efectiva?

    a. Elaborarla a ordenador para una presentación más cuidada y legible.

    b. Exponer el motivo de la reclamación y las pretensiones con orden y claridad.

    c. Aportar documentos que atestigüen la veracidad de lo que se reclama.

    d. Hacer una redacción lo más larga posible para dejar constancia de todos los detalles.

6. ¿De quién es competencia la información de los consumidores y usuarios a través de la implantación de las oficinas y los servicios precisos?

    a. De entes supranacionales.

    b. De la Administración del Estado.

    c. De las comunidades autónomas.

    d. De las corporaciones locales.

7. ¿Qué tipo de infracciones pueden conllevar el cierre definitivo de los establecimientos?

    a. Ninguno

    b. Infracciones leves

    c. Infracciones graves

    d. Infracciones muy graves

8. Señala la opción correcta en relación con el arbitraje como alternativa a la vía judicial:

    a. El arbitraje es un procedimiento más lento que la vía judicial.

    b. Las resoluciones judiciales son públicas, mientras que en un procedimiento arbitral las partes pueden acordar la confidencialidad de todo cuanto se trate.

    c. El arbitraje puede ser solicitado tanto por los consumidores finales como por empresarios y autónomos.

    d. El arbitraje tiene menos fuerza ejecutiva que un proceso judicial.

9. ¿Qué Real Decreto regula el sistema arbitral de consumo?

   a. Real Decreto 231/2008, de 15 de febrero.
   b. Real Decreto Legislativo 1/2007, de 16 de noviembre.
   c. Real Decreto 902/2018, de 20 de julio.
   d. Real Decreto 293/2018, de 18 de mayo.

10. Relaciona las siguientes circunstancias sobre la solicitud de arbitraje con las decisiones que puede tomar la presidencia de una junta arbitral de consumo cuando la recibe:

   a. La solicitud de arbitraje no cumple con los requisitos exigidos en la ley.
   b. La empresa no está adherida a ninguna junta arbitral de consumo y el reclamante no ha manifestado su deseo de ir a una junta concreta.
   c. La solicitud de arbitraje cumple con todos los requisitos exigidos en la ley.
   d. La solicitud de arbitraje no reúne los requisitos mínimos exigidos en la ley.

   — Admitirla a trámite.
   — Rechazarla
   — Solicitar su subsanación.
   — Derivarla a otra junta arbitral de consumo.

Atención telefónica de reclamaciones y quejas

Contenido

Objetivos

El objetivo general de esta Unidad de Aprendizaje es:

→ Aprender a realizar una atención telefónica eficaz de reclamaciones y quejas.

El objetivo específico de esta Unidad de Aprendizaje es:

→ Atender correctamente una queja, objeción o reclamación telefónica.

1. Introducción

Son numerosas las ocasiones en las que el contacto con los clientes se realiza a través de la comunicación telefónica, un medio que carece de la riqueza de la atención cara a cara, pero que debe regirse por la misma lógica que la atención presencial.

En la atención telefónica, el primer factor a tener en cuenta es que **la persona que atiende el teléfono se convierte en ese momento en la imagen de la empresa.** Por ello, contar con una buena atención telefónica, que proporcione una experiencia de cliente positiva, es uno de los elementos fundamentales con que debe contar cualquier estrategia de fidelización comercial.

Una correcta atención telefónica resulta muy útil y ayuda a **fidelizar al cliente,** evitando que se forme una imagen errónea de la empresa a la que ha llamado. Una mala experiencia de un cliente puede dar al traste con una relación comercial.

En esta unidad trataremos sobre las normas que deben seguirse para brindar una excelente atención telefónica en general y, en particular, para el manejo de quejas y reclamaciones.

Continuaremos para ello nuestra andadura en el hotel Solyluna, que centra gran parte de su labor profesional a la atención de quejas y reclamaciones de clientes por vía telefónica.

2. Atención al teléfono

 **HILO CONDUCTOR**

"Gracias por llamar al hotel Solyluna, le atiende [nombre del recepcionista]. ¿En qué puedo ayudarle?"

Estas son las primeras palabras que una persona oye cuando llama por teléfono al hotel Solyluna, ya sean de Andrea, de Antonio, de Alicia o de Luis. Cualquier de sus recepcionistas está entrenado para responder al teléfono identificando a la empresa y a sí mismo, y todos ofrecen un trato amable al interlocutor y

Continúa en página siguiente >>

<< Viene de página anterior

procuran gestionar las llamadas con diligencia, conscientes de la importancia que ello tiene para la empresa.

Una buena atención telefónica supone un valor añadido para la empresa y una ventaja frente a la competencia. De ahí la importancia que conlleva que cualquier empleado, no solamente los especializados en atención al cliente, sea capaz de gestionar correctamente una llamada telefónica.

Cinco son los **consejos elementales** que dan los expertos sobre esta materia:

1. **Hablar con claridad:** ante una llamada telefónica se debe evitar hablar demasiado rápido (de modo que no se entienda) o demasiado despacio (de modo que la persona se impaciente) e igualmente se debe usar un volumen intermedio, ni tan alto que el interlocutor se asuste, ni tan bajo que tenga que hacer un esfuerzo para oírnos.
   La voz debe ser cálida y agradable, mostrando cercanía y cordialidad, jamás indiferencia o enfado.
   Es importante no tener nada en la boca que dificulte la comunicación: chicles, caramelos, bolígrafos, comida, cigarrillos...
2. **Identificarse:** se debe facilitar al principio de la conversación el nombre de la empresa, del empleado, y del departamento, independientemente de que el interlocutor lo solicite o no. Así se evitan errores y pérdidas de tiempo y de posibles oportunidades de negocio.
   A continuación, se añadirá una pregunta que invite al interlocutor a continuar con la conversación (por ejemplo: *¿En qué puedo ayudarle?*).
3. **Solicitar los datos del interlocutor:** tras escuchar con atención la explicación inicial del interlocutor, se le deben pedir y anotar los datos que permitan su identificación y localización, ya que la comunicación podría interrumpirse súbitamente y sin esa información no podría llevarse a cabo ninguna gestión posterior.
   Es conveniente utilizar el nombre del interlocutor desde el momento en que lo haya facilitado, pues ello aporta cercanía, y evitar poner en espera una llamada sin saber de quién es y qué desea.
4. **Gestionar correctamente la llamada:** una llamada entrante debe atenderse como máximo después de tres tonos, respondiendo inmediatamente nada más descolgar.
   En caso de no poder dar una respuesta inmediata al requerimiento del comunicante, son dos los procedimientos básicos de actuación:

◑ Llamar más tarde, en un intervalo razonable, con una respuesta concreta.

◑ Transferir la llamada al empleado o departamento correspondiente.

En cualquier caso, nunca debe dejarse sin solventar un asunto, sea o no de la incumbencia específica de la primera persona que atendió la llamada. Siempre hay que asegurarse de que la gestión ha seguido su curso y el asunto se halla bien encaminado.

En caso de tener que dejar a la persona en espera, lo correcto es no soltar el auricular sobre la mesa, pues esto provoca un ruido desagradable, ni hablar con otra persona tapando el micrófono. Siempre debe emplearse el botón de silenciar.

Es importante tener cerca del teléfono papel y bolígrafo para tomar notas y no estar haciendo otra cosa mientras se atiende la llamada.

5. **Dar un tratamiento amable:** la educación y la corrección deben primar por encima de todo ante una llamada telefónica, independientemente del estado de ánimo del interlocutor y del trato que nos profiera.

    Una gran parte de las llamadas de clientes o posibles clientes consiste en quejas, reclamaciones y aclaraciones, y la capacidad de atención y gestión que se despliegue en estos casos supone el mejor valor añadido de la empresa para preservar a sus clientes descontentos.

    Durante una llamada telefónica es importante sonreír. La sonrisa se percibe por el teléfono y favorece el establecimiento de una buena comunicación. Transmite una actitud positiva y solicita una actitud similar por parte del interlocutor. La sonrisa telefónica contribuirá a proyectar una entonación agradable y a expresar alegría, buen humor y eficacia.

    Ante llamadas agresivas, es imprescindible no dejarse llevar por el mal humor, intentar calmar a la persona y pedirle amablemente que modere su conducta. Nunca se debe colgar el teléfono de forma airada, dejando a la otra persona con la palabra en la boca; es un gran ultraje dentro de la comunicación telefónica.

 VÍDEO

En este vídeo Andrea Vilallonga, experta en comunicación e imagen, da cinco consejos claves para responder a una llamada correctamente:

Continúa en página siguiente >>

<< Viene de página anterior

https://redirectoronline.com/adgd268po0301

---

3. Identificación de características de la atención telefónica

👉 HILO CONDUCTOR

La dirección del hotel Solyluna se ha encargado de dotar a su personal de formación específica para que conozca a fondo las características de la atención telefónica y utilice todos los recursos al alcance de su mano para sacar el máximo partido a las interacciones telefónicas con sus clientes (actuales o potenciales).

Así, son cuidadosos en todo lo que se refiere a los aspectos de la expresión verbal y de la expresión no verbal, tratando de exhibir una buena imagen de la empresa a la que representan en las llamadas que efectúan o que responden.

El uso del teléfono es cada vez más habitual en los servicios de atención al cliente, por lo que es preciso conocer sus características y las peculiaridades de su uso.

 IMPORTANTE

Aunque no posee la riqueza de la relación personal, la atención telefónica es un medio de suma importancia de cara a consolidar y potenciar una determinada imagen de la empresa, ya que su difusión es rápida y continua.

La atención telefónica conlleva el dominio de una serie de estrategias de expresión verbal y no verbal sin las que sería difícil llegar a solucionar lo que plantea el interlocutor.

Expresión verbal	- Conjunto de técnicas que se desarrollan para comunicar de manera oral lo que se piensa o siente. Cuando se habla por teléfono en el ámbito laboral, se debe ser: respetuosos, concisos, claros, fluidos, coherentes, rítmicos, motivadores, positivos, emotivos, educados y atentos.
Expresión no verbal	- Conjunto de técnicas que se desarrollan para comunicar de manera no oral lo que se piensa o siente. Dentro de la expresión no verbal se distinguen dos tipos de elementos: - Elementos paralingüísticos: son aquellos elementos no lingüísticos que forman parte de la comunicación y que acompañan al mensaje verbal: voz, tono, ritmo, entonación, volumen, silencio, timbre, vocalización, dicción y elocución o velocidad. - Otros elementos asociados al comportamiento: son elementos del comportamiento que, de una u otra manera, influyen en el modo en que se realiza la atención telefónica: postura, buen humor, sonrisa, atención, interés, calma, concentración y pausas.

La utilización del teléfono en la comunicación empresarial posee ventajas e inconvenientes en comparación con la comunicación presencial:

Ventajas ✔	Inconvenientes ✘
- Es un canal directo, inmediato y cómodo. - Permite hacer un mayor número de contactos en menor tiempo. - No conlleva costes en desplazamientos. - Permite llegar a sitios muy alejados geográficamente, pudiendo extenderse al mundo entero. - Es un servicio tan rápido y personalizado como la atención presencial. - Evita en gran medida la formación de prejuicios a partir de la imagen de la persona con la que se habla.	- Es un medio más frío que la comunicación presencial. - Posee menos elementos de apoyo en cuanto a comunicación no verbal. - No permite exhibir material de la empresa. - Debe lidiar con barreras ambientales de tipo técnico (interferencias, ruidos, cortes de línea, etc.). - Conlleva más posibilidades de rechazo o de provocar una actitud defensiva. - No es apta para tratar temas complejos.

4. Aplicación del proceso de atención telefónica

☞ HILO CONDUCTOR

Todos los trabajadores del hotel Solyluna que atienden el teléfono siguen el mismo procedimiento, el cual cuenta con los pasos siguientes:

1. Tener preparado todo cuanto puedan necesitar (papel, bolígrafo, folletos, etc.).
2. Emplear el saludo corporativo con afabilidad.
3. Averiguar quién está llamando y qué desea.
4. Atender la solicitud de la persona que llama.
5. Comprometerse a aportar una respuesta más adelante si no se puede en ese momento.
6. Despedirse con cortesía.
7. Realizar un seguimiento en caso de reclamaciones.

La atención telefónica no se limita a unas simples reglas que cumplir, sino que debe ajustarse a un proceso que sigue algunas fases básicas.

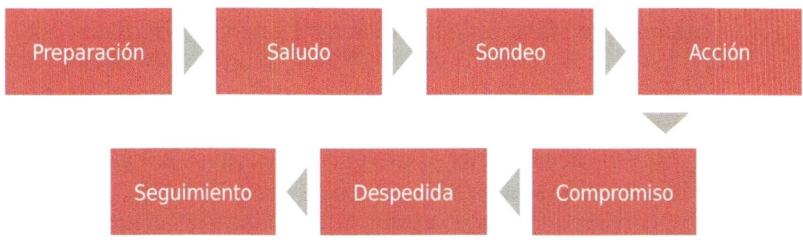

Veamos las consideraciones que deberemos tener en cuenta en cada una de estas fases:

1. **Preparación:** cuando se trabaja atendiendo el teléfono es importante tener preparado, ordenado y a mano todo el material que se vaya a necesitar (papel, bolígrafo, folletos, etc.), pues si no fuera así no podría prestarse la atención debida al interlocutor.
2. **Saludo:** al descolgar el teléfono es importante sonreír y dar el saludo corporativo hablando con vivacidad, a la vez que se abandona cualquier otra tarea que se esté haciendo. Es muy importante que todos los trabajadores que atiendan el teléfono realicen el mismo tipo de saludo, pues es una señal que identifica a la empresa.
3. **Sondeo:** es fundamental averiguar con quién se está hablando y el motivo de su llamada, evitando mantener una conversación impersonal, demostrando interés mediante un tono seguro y amigable, nunca apático. Mientras se habla conviene tomar nota y realizar preguntas para estar totalmente seguros de que se entiende el mensaje. Antes de darle a la persona una solución, es necesario estar convencidos y seguros de lo que nos piden y saber si nosotros podemos ayudar o debemos derivar la llamada a otra persona.
4. **Acción:** en este paso se ofrecerá al cliente la información que solicite o la solución a lo que plantea: se informa, se toman mensajes, se transfiere la llamada, se atiende una reclamación, etc. También deberemos dar y recibir *feedback* del interlocutor para saber si ha comprendido las indicaciones dadas.
5. **Compromiso:** antes de cerrar una conversación telefónica, se deberá llegar a un compromiso concreto y evitar dejar nada en el aire. En caso de que nosotros no podamos aportar una solución, tenemos que indicar cuánto tiempo vamos a tardar en llamar para darla para no mantener a la persona en un estado de incertidumbre.
6. **Despedida:** la despedida se hará siempre sonriendo, agradeciendo la llamada, saludando y despidiendo por su nombre al interlocutor cuando resulte oportuno. Tan importante como el saludo es la despedida, pues es el último momento de la conversación en el que tenemos la oportunidad de dejar una buena imagen del servicio ofrecido y, en general, de la empresa.

7. **Seguimiento:** es importante mantener una base de datos actualizada con las reclamaciones que se atiendan, la cual se empleará para hacer un seguimiento a los clientes implicados transcurrido un tiempo razonable para que se hayan resuelto los posibles problemas planteados. Su objetivo es manifestar el interés de la empresa por la satisfacción del cliente, mejorar en caso de que sea necesario y evitar que la persona llame constantemente colapsando las líneas telefónicas y ocupando el tiempo productivo de los trabajadores.

5. Atención de quejas, objeciones y reclamaciones

 HILO CONDUCTOR

El hotel Solyluna tiene entrenado a su personal de atención telefónica para que sepa responder con corrección a las quejas, objeciones y reclamaciones de los clientes.

Para ello emplea técnicas que son imprescindibles ante llamadas de este tipo:

- Escuchar al cliente con atención.
- Mantener la calma, ocurra lo que ocurra.
- Mostrar empatía con la persona.
- No tomar los enfados de los clientes como algo personal.

En ocasiones se da el caso de que el cliente no queda satisfecho a pesar de haber aplicado correctamente todas las técnicas y habilidades sobre atención telefónica y haberle informado del procedimiento para resolver su consulta, y plantea quejas u objeciones.

Cuando ocurra esto, es preciso ser capaces de **reaccionar con rapidez, aportando soluciones alternativas,** averiguando qué gestiones ha llevado ya a cabo el cliente y determinando con claridad el motivo de la incidencia.

Es probable que muchas de estas situaciones seamos capaces de resolverlas echando mano de nuestra propia creatividad e iniciativa; no obstante, no hay que confiarse y conviene estar bien preparados para enfrentar este tipo de escenarios con la suficiente capacidad de reacción.

Para tratar por teléfono con una persona enfadada, que se queja o reclama, deben seguirse las siguientes pautas:

◌ **Escuchar:** es imprescindible dejar que la persona exponga su queja. Mientras habla, deben dársele muestras de que se le está escuchando, repitiendo para ello palabras que diga o utilizando expresiones del tipo comprendo, de acuerdo, etc. Este paso es de vital importancia, pues, cuanto más hable la persona sobre el problema, de más tiempo se dispone para calmarla.

◌ **Mantener la calma:** en el caso de que la persona se muestre agresiva, conviene rebajar el nivel de tensión diciéndole con tranquilidad algo como *Comprendo su enfado, pero atacarme personalmente no solucionará nada. Por favor, siga contándome lo ocurrido y trataré de ayudarle en todo lo que pueda.*

◌ **Manifestar empatía:** conviene asegurarse de que la persona sepa que se entiende su problema y sus sentimientos.

◌ **Preguntar:** una vez la persona ha acabado de relatar el incidente, se le debe preguntar sobre los detalles del hecho para completar la información recabada.

◌ **Ofrecer una solución:** la persona que atiende la llamada debe hacer todo lo posible por proporcionar un arreglo a la situación. En caso de no poder hacer nada directamente, tomará nota de los datos de la persona y pasará la información a la persona o el departamento correspondiente. Nunca hay que comprometerse a arreglar el problema, pero sí hay que comprometerse a intentarlo.

◌ **Disculparse:** en ocasiones puede ser que la empresa no sea culpable de la situación que la persona plantea, pero ofrecer una disculpa no nos hará quedar mal y puede derribar las barreras interpuestas por el interlocutor. Pueden utilizarse tres tipos de disculpas:

  ◌ **Directa:** *Lamentamos no haber enviado su pedido en la fecha acordada.*
  ◌ **Indirecta:** *Lamentamos su incomodidad. Déjeme mirar qué podemos hacer para resolverlo.*
  ◌ **Falsa:** *Parece que en este caso le debemos una disculpa* (muchas personas percibirán esto como una disculpa, aunque no lo sea).

◌ **Confirmar el acuerdo:** hay que asegurarse de que la persona, al final de la llamada, ha comprendido lo que se ha hecho por solucionar el problema. Incluso si no se ha resuelto en su totalidad, es importante confirmar el acuerdo sobre la resolución a la que se llegó.

  ◌ **Ejemplo de resolución total:** *Por confirmar datos, le hemos ayudado con los pasos para reconfigurar su televisor y ya funciona correctamente. ¿Es cierto?*

◑ **Ejemplo de resolución pendiente:** *Por confirmar datos, su televisor precisa repararse al amparo de la garantía. Vamos a enviarle una caja con un código de devolución impreso para que nos la mande a portes pagados. ¿Es correcto?*

⮕ **Agradecer la queja:** el principal objetivo de agradecer la queja al interlocutor es transmitirle nuestro interés en ayudarle a resolver la incidencia de la mejor forma posible y que se sienta tratado de manera exclusiva por nuestra parte.

Si lo único que se desea es responder y resolver una queja, cualquier método impersonal que se utilice servirá. Pero si lo que interesa es fidelizar al cliente para que confíe en la empresa en otras ocasiones, debemos mostrar una actitud más personal, pues el trato impersonal molesta a algunas personas.

 CONSEJO

Una buena técnica es llamar al cliente por su nombre. Es fácil preguntar el nombre al cliente e identificarnos nosotros. Si el cliente conoce nuestro nombre, percibirá que no tenemos nada que ocultar y se sentirá dueño de un mayor control de la situación.

A la hora de tratar las incidencias telefónicamente, es imprescindible tener en cuenta algunos factores para evitar tomarlas como algo personal.

 IMPORTANTE

Una regla indiscutible que debe aplicarse en toda ocasión es "evitar implicarse emocionalmente". Cuando un cliente llama para manifestar una queja o hacer una reclamación, está disgustado en ese momento con la empresa y así lo manifiesta, pero no lo está con la persona que atiende el teléfono, aunque lo parezca, sino que simplemente está descargando su furia contra ella.

Es importante que la persona que atiende el teléfono posea una serie de cualidades personales que le permitan salir airosa ante cualquier problema:

Autoconsciencia
- Es la habilidad para conocer y comprender los propios impulsos y emociones, los cambios de humor y su efecto en los demás. Sus principales manifestaciones son la autoconfianza y la autoevaluación realista.

Autocontrol
- Es la habilidad para controlar o encauzar impulsos y estados de ánimo nocivos, así como la tendencia a pensar siempre antes de actuar y a no hacer juicios y ataques personales.

Empatía
- Es la habilidad para comprender las emociones de los demás.

Habilidades sociales
- Son las habilidades para encontrar una base común en un problema y negociar.

 RECUERDA

- Cualquier queja proveniente de nuestros clientes debe tomarse de forma profesional, nunca personal.
- Se debe evitar interiorizar sentimientos derivados de esta situación que nos afecten en el tratamiento de posteriores llamadas o en la relación con los compañeros.
- Hay que saber separar la persona del problema, pues podemos tener diferentes contactos con la misma persona en distintas situaciones.

 EJEMPLO

A continuación, verás un ejemplo de atención telefónica ante una situación de queja/reclamación:

Empresa: Buenos días, Departamento de Atención al Cliente de Bazar Diamante. Le atiende Ernesto, ¿en qué puedo ayudarle?
Cliente: Hola, buenos días. La semana pasada pedí un televisor marca Samseng y hoy he recibido el pedido, pero no es la tele que yo encargué.

Continúa en página siguiente >>

<< Viene de página anterior

E.: Oh, lo siento. ¿Me puede decir qué ha ocurrido exactamente? Trataré de ayudarle en lo que pueda.

C.: Pues el caso es que yo pedí un televisor de cuarenta pulgadas y este tiene treinta y dos.

E.: Entiendo. Siento lo ocurrido. ¿Puede, por favor, facilitarme el número de su pedido?

C.: Sí. El número es H2459L.

E.: Indíqueme, por favor, su nombre para dirigirme a usted.

C.: Antonia Lozano.

E.: Muchas gracias, señora Lozano. Por favor, permítame un momento para verificar los datos con el Departamento de Envíos.

C.: Vale.

E.: Usted encargó un televisor Samseng de cuarenta pulgadas el 25 de febrero.

C.: Eso es.

E.: Señora Lozano, le comunico que, en la última semana, hemos tenido una incidencia con el sistema informático y su pedido se ha mandado por error a otro cliente.

C.: ¿Y cómo lo van a resolver? Ya es la segunda vez que tengo problemas con esta empresa, empiezo a hartarme.

E.: La entiendo y créame que siento lo ocurrido, pero hasta que mañana no nos dejen solucionado el tema del *software* no podremos proceder al cambio.

C.: Disculpe, pero necesito ese televisor urgentemente. ¿Cuándo me lo entregarán?

E.: Bien, le he anotado en el sistema "entrega prioritaria" y tendrá el televisor en casa el próximo jueves. ¿Le parece bien?

C.: ¿Seguro que llegará el jueves? ¿O me tendrán todo el día esperando para nada?

E.: Sí, señora Lozano. El jueves lo tendrá allí. Es lo antes que podemos entregarlo.

C.: Vale. Gracias.

E.: Gracias a usted por elegir Bazar Diamante.

C.: ¿Y recibiré alguna compensación por el problema?

E.: Sí, claro. Por los inconvenientes causados le descontaremos un 20 % en el precio del televisor, que se lo reintegraremos en la cuenta desde la que realizó el pago.

C.: ¿Sí? ¡Perfecto! Muchas gracias.

E.: ¿Le parece un buen acuerdo?

C.: Sí, me parece perfecto.

E.: ¿Necesita alguna otra cosa?

C.: No, eso es todo.

Continúa en página siguiente >>

<< Viene de página anterior

E.: Una última cosa, señora Lozano: ¿me puede facilitar su número de móvil para poder contactar con usted en caso de que fuera necesario?
E.: Sí, 676 359 741.
E.: Muchas gracias, señora Lozano. No dude en volver a contactar con nosotros en caso de necesidad.
C.: De acuerdo. ¡Gracias! Adiós.
E.: Hasta pronto, señora Lozano. Que tenga un buen día y le reitero nuestras disculpas.

 TAREA 4

Un cliente llama enfadado a una empresa farmacéutica porque hizo un pedido hace dos semanas y todavía no lo ha recibido.

Redacta una posible conversación telefónica entre el cliente y un trabajador de la empresa teniendo en cuenta las normas básicas de uso (tiempos de espera, información al descolgar, forma de hablar...).

Para evaluar esta actividad se valorará que se tengan en cuenta los siguientes aspectos:

- Que el teléfono no suene más de tres veces.
- Al descolgar: saludar, identificarse a sí mismo y a la empresa y ofrecer ayuda.
- Ser educado y amable.
- Emplear un tono sereno, calmado.
- Solicitar los datos del interlocutor.
- Dirigirse al interlocutor por su nombre.
- Tratar de calmar a la persona.
- Sondear mediante preguntas para conocer el motivo de la llamada.
- Escuchar con atención.
- Verificar los hechos y tomar nota.
- Manifestar empatía.
- Demostrar que se ha comprendido el contenido de la reclamación, repitiendo la idea que transmite el interlocutor.
- Referirse a los datos concretos, eliminando las expresiones que exageran y palabras negativas.
- Ofrecer una solución o distintas alternativas.

Continúa en página siguiente >>

<< Viene de página anterior

- Cerrar la reclamación cuando el cliente haya aceptado alguna alternativa.
- Disculparse de manera amable.

---

6. Uso del lenguaje

👉 HILO CONDUCTOR

El personal del hotel Solyluna encargado de la atención telefónica presta especial cuidado a su lenguaje, tanto a las expresiones que conviene utilizar como a aquellas que no deben emplearse.

Además, tratan de imprimir simpatía a sus palabras para transmitir una imagen de la empresa de cercanía y cordialidad.

A través del lenguaje las personas expresamos experiencias y nos comunicamos con los demás.

DEFINICIÓN

Lenguaje
Conjunto de palabras que se utilizan para expresar las ideas que desean comunicarse.

En las conversaciones telefónicas, además de utilizar un lenguaje claro e inteligible, deben tenerse en cuenta distintos aspectos relacionados con el vocabulario para ofrecer una atención de calidad.

En este sentido podemos diferenciar entre palabras y expresiones que sí deben emplearse y otras que no.

Palabras y expresiones que sí deben emplearse	Palabras y expresiones que no deben emplearse
- Palabras con connotaciones positivas: *fácil, rápido, ventaja, calidad, útil, garantía, interesante, prestigio, eficacia...* - Expresiones que denoten dinamismo: *ahora, en breve, enseguida, en estos momentos...* - Palabras que emplea el interlocutor. - Expresiones de cortesía: *por favor, gracias, si es tan amable...* - Expresiones de apoyo a la escucha: *comprendo, entiendo, de acuerdo...* - Ejemplos clarificadores. - Recalcar las palabras más importantes. - Usted. - El nombre o apellido del interlocutor para hacer la conversación más personalizada y cercana.	- Palabras con connotaciones negativas: *problema, reclamación, inconveniente, accidente, complicado, caro...* - Tecnicismos que no forman parte del lenguaje habitual del interlocutor. - Negaciones: *nunca, nadie, ninguno, jamás...* - Palabras agresivas *mentira, imposible...* - Dubitaciones: *quizá, es posible, en principio, supongo que, no sé, ummm...* - Coletillas: *¿eh?, ¿me entiende?, ¿me explico?...* - Superlativos: *ratazo, pastón...* - Diminutivos: *momentito, ratito, cosita...* - Términos cariñosos: *cariño, guapa, cielo...* - Demostraciones de cansancio: *a ver, se lo vuelvo a explicar...* - Expresiones demasiado coloquiales. - Tuteo (a no ser que el interlocutor lo pida explícitamente).

 CONSEJO

Si nuestras palabras transmiten simpatía, influiremos en el ánimo del interlocutor, de modo que también se mostrará más simpático y seguramente más abierto a contarnos el auténtico motivo de su llamada.

A continuación, te mostramos una tabla en la que aparecen algunas recomendaciones sobre frases muy empleadas en las conversaciones telefónicas:

En vez de decir...	Es conveniente decir...
- Hola.	- Buenos días / Buenas tardes / Buenas noches.
- ¿Qué desea?	- ¿En qué le puedo ayudar? / ¿Qué puedo hacer por usted?
- ¿De parte de quién?	- ¿Me indica su nombre, por favor?
- ¿Lo conoce usted?	- ¿Han mantenido ya ustedes contacto?
- ¡No cuelgue! / ¡Espere!	- ¿Tiene la amabilidad de esperar un instante, por favor?
- No puedo.	- Déjeme ver qué puedo hacer por usted.
- ¿Por qué?	- ¿Puede, por favor, comentarme el motivo?
- ¿Me entiende?	- ¿Me explico con claridad?
- No me ha entendido.	- Seguramente no me he explicado bien.
- Eso es mentira, yo no he dicho eso.	- Debe de haber una confusión, lo que yo he dicho es...
- No es cosa mía, eso depende de...	- Me ocuparé personalmente de ello.
- ¿Eso qué tiene que ver?	- No termino de entender la relación que tiene eso con...
- Tiene usted que...	- Sería conveniente que...
- Creo que...	- Sé que...
- ¿Qué quiere decir? / ¿Eso a qué viene?	- ¿Es tan amable de explicarme su punto de vista, por favor?
- ¿Eso de dónde lo ha sacado?	- ¿Puede decirme de dónde procede esa información, por favor?
- ¿No cree usted que...?	- ¿Le parece a usted que...?

Continúa en página siguiente >>

<< Viene de página anterior

En vez de decir...	Es conveniente decir...
- No antes del lunes.	- A partir del martes.
- No puedo prometerle nada.	- Haré cuanto esté en mi mano.
- ¿Espera o vuelve a llamar?	- ¿Prefiere esperar o volver a llamar dentro de unos minutos?
- Un momentito.	- Espere un momento, por favor.
- Yo no sé...	- Le paso con mi compañero que es quien lleva este tema / No sabría decirle en este momento, pero si me lo permite, lo averiguo y vuelvo a contactar con usted.
- ¿Usted es el que llamó ya tres veces?	- Creo que ya nos ha llamado antes, ¿verdad?
- Vale.	- De acuerdo.
- Se lo diré cuando lo vea.	- Le paso su mensaje inmediatamente.
- Adiós / Hasta luego.	- Hasta pronto y gracias por su llamada.

 APLICACIÓN PRÁCTICA

Determina si las siguientes expresiones son correctas o incorrectas en relación con el lenguaje utilizado por los recepcionistas del hotel Solyluna.

a. *Nuestras habitaciones reúnen todas las garantías de calidad de un hotel de tres estrellas.*
b. *Gracias por facilitarme esos datos.*
c. *Enseguida le atenderá el director, no se retire, por favor.*
d. *Comprendo perfectamente lo que me indica.*
e. *De acuerdo, le mantendremos informado, señor Suárez.*

Continúa en página siguiente >>

<< Viene de página anterior

f. Hemos tenido un problema con el programa informático.

g. Ningún cliente se ha quejado hasta ahora.

h. Eso es imposible.

i. No sé decirle si tenemos alguna iglesia cerca.

j. El servicio de nuestro restaurante es superbueno.

Solución

a. *Nuestras habitaciones reúnen todas las garantías de calidad de un hotel de tres estrellas.* Es correcta, ya que se emplea una palabra como *calidad* para remarcar el valor del producto.

b. *Gracias por facilitarme esos datos.* Es correcta, pues es importante usar expresiones de cortesía como *gracias.*

c. *Enseguida le atenderá el director, no se retire.* Es correcta, ya que se emplea una palabra que denota dinamismo *(enseguida),* se trata al interlocutor de usted y se usa una expresión de cortesía *(por favor).*

d. *Comprendo perfectamente lo que me indica.* Es correcta, pues es una expresión que hace que el interlocutor sepa que se le está escuchando.

e. *De acuerdo, le mantendremos informado, señor Suárez.* Es correcta, ya que se emplea el nombre de la persona para dirigirse a ella de manera educada.

f. *Hemos tenido un problema con el programa informático.* Es incorrecta, ya que no deben emplearse palabras con connotaciones negativas, como *problema.*

g. *Ningún cliente se ha quejado hasta ahora.* Es incorrecta, pues es una expresión muy agresiva que pondrá al interlocutor a la defensiva.

h. *Eso es imposible.* Es incorrecta, ya que es una expresión agresiva y que no aporta ninguna solución al interlocutor.

i. *No sé decirle si tenemos alguna iglesia cerca.* Es incorrecta, pues no pueden emplearse dubitaciones. Si algo no se sabe, hay que averiguarlo.

j. *El servicio de nuestro restaurante es superbueno.* Es incorrecta, ya que no deben emplearse expresiones coloquiales como *superbueno.*

 ACTIVIDAD COMPLEMENTARIA

3. A continuación, verás un entretenido cortometraje del director Alberto Ruiz Rojo a través del cual podrás analizar actitudes positivas y negativas de la persona que trabaja atendiendo el teléfono:

Continúa en página siguiente >>

≪ Viene de página anterior

https://redirectoronline.com/adgd268po0302

Visualiza el vídeo y detalla las actitudes positivas y negativas que hayas detectado con respecto a la atención al cliente que la telefonista ofrece.

Después, indica las ocasiones en las que hayas sentido que una empresa no te ha tratado bien por teléfono y explica por qué te sentiste así.

---

7. Resumen

Cinco son los **consejos elementales** que dan los expertos para atender el teléfono:

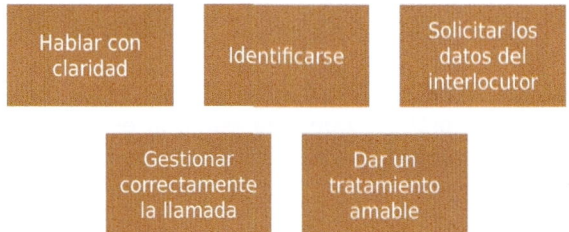

La **atención telefónica** conlleva el dominio de una serie de estrategias de comunicación verbal y no verbal sin las que sería difícil llegar a solucionar lo que plantea el interlocutor.

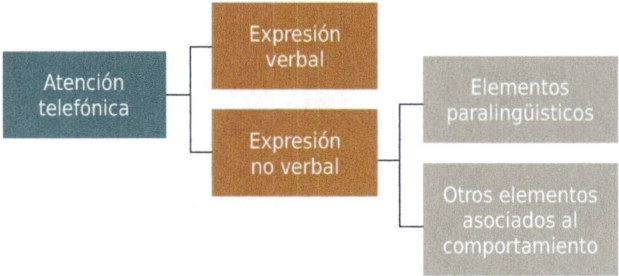

La **atención telefónica** no se limita a unas simples reglas que cumplir, sino que debe ajustarse a un **proceso** que sigue algunas fases básicas:

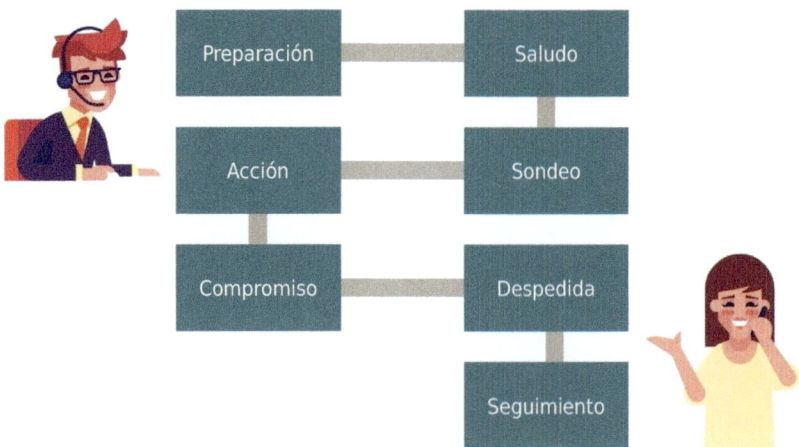

Para **tratar por teléfono con una persona enfadada, que se queja o reclama,** deben seguirse las siguientes pautas:

En las conversaciones telefónicas, además de utilizar un **lenguaje claro e inteligible,** deben tenerse en cuenta distintos aspectos relacionados con el **vocabulario** para ofrecer una atención de calidad.

Ejercicios de autoevaluación
Unidad de Aprendizaje 3

1. Determina si la siguiente afirmación es verdadera o falsa: "Una correcta atención telefónica resulta muy útil y ayuda a fidelizar al cliente".

   ■ Verdadero
   ■ Falso

2. ¿Cuál de las siguientes acciones no es un buen consejo acerca de la atención telefónica?

   a. Se debe hablar con claridad y vocalizando correctamente.
   b. Se debe identificar a la empresa, al empleado y al departamento al principio de la conversación.
   c. Es correcto mostrar simpatía en una llamada telefónica.
   d. No se deben solicitar los datos del interlocutor para no abrumarlo.

3. ¿Dentro de qué tipo de elementos comunicativos se incluyen el volumen, el timbre y el tono de voz?

   a. Elementos paralingüísticos (expresión no verbal).
   b. Otros elementos comportamentales (expresión no verbal).
   c. Expresión verbal.
   d. Lenguaje corporal.

4. ¿Cuál de los siguientes elementos es un inconveniente de la comunicación telefónica frente a la comunicación presencial?

   a. Conlleva menos posibilidades de rechazo o de provocar una actitud defensiva.
   b. Es menos personalizada que la atención presencial.
   c. Posee menos elementos de apoyo en cuanto a comunicación no verbal.
   d. Permite hacer un mayor número de contactos en menor tiempo.

5. ¿Cuál de las siguientes frases sobre el proceso de atención telefónica es incorrecta?

    a. Al descolgar el teléfono es importante saludar con seriedad para transmitir una imagen de formalidad.

    b. Mientras se habla no conviene tomar nota para no perder atención; una vez terminada la conversación, se apuntarán los detalles.

    c. Toda llamada debe terminar habiendo solucionado el problema del interlocutor.

    d. La despedida se hará siempre sonriendo y agradeciendo la llamada.

6. ¿Cuál de las siguientes frases sobre la atención telefónica a una persona enfadada es incorrecta?

    a. Es imprescindible dejar que la persona exponga su queja.

    b. Si consideramos que la culpa de la situación no es nuestra, no debemos disculparnos.

    c. Se le debe preguntar a la persona sobre los detalles del hecho para completar la información recabada.

    d. Se debe agradecer la queja.

7. Indica si la siguiente afirmación es verdadera o falsa: "Una regla que debe aplicarse a la atención telefónica es evitar implicarse emocionalmente".

    ■ Verdadero
    ■ Falso

8. ¿Cuál de las siguientes cualidades consiste en la habilidad para comprender las emociones de los demás?

    a. Autoconsciencia.

    b. Empatía.

    c. Autocontrol.

    d. Habilidades sociales.

9. ¿Qué expresiones de las siguientes son correctas para una buena atención telefónica?

    a. *Comprendo, entiendo, de acuerdo...*
    b. *¿Eh?, ¿me entiende?, ¿me explico?...*
    c. *Cariño, guapa, cielo...*
    d. *Ratazo, pastón...*

10. ¿Cuál de las siguientes preguntas es adecuada para una correcta atención telefónica?

    a. *¿Qué desea?*
    b. *¿De parte de quién?*
    c. *¿Espera o vuelve a llamar?*
    d. *¿Es tan amable de explicarme su punto de vista, por favor?*

Gestión de las reclamaciones por vía judicial

Contenido

Objetivos

El objetivo general de esta Unidad de Aprendizaje es:

→ Conocer el procedimiento que siguen las reclamaciones por la vía judicial.

El objetivo específico de esta Unidad de Aprendizaje es:

→ Redactar una demanda.

1. Introducción

Cuando un consumidor o usuario ha tenido un problema con una empresa a raíz de la compra de un producto o la contratación de un servicio, puede darse la circunstancia de que presente una reclamación y no sea atendida o de que el arbitraje no consiga resolver el problema porque la empresa reclamada lo rechace. En estos casos, el modo de poder conseguir una indemnización por los perjuicios ocasionados es reclamar judicialmente.

La mayoría de los conflictos relativos al consumo que terminan en la vía judicial se dirimen mediante la jurisdicción civil ordinaria (juzgados de primera instancia). Solo se plantearán este tipo de reclamaciones por vía penal cuando haya indicios de comisión de algún delito o falta.

En este tema realizaremos un acercamiento al juicio y a su finalidad, así como a las fases que componen el proceso judicial.

Para ilustrar el contenido volveremos a situarnos en el hotel Solyluna, a través del cual nos introduciremos en las reclamaciones por vía judicial.

2. Asimilación del proceso de juicio y su finalidad

☞ HILO CONDUCTOR

Hace cinco meses el hotel Solyluna se vio abocado a participar en la vía judicial. Un cliente había interpuesto una reclamación y no consiguieron llegar a un acuerdo, ni en un primer momento, cuando el cliente presentó la reclamación en el propio mostrador de recepción, ni posteriormente, cuando intentó iniciar un proceso de arbitraje de consumo.

Tras la denuncia de otro cliente por la desaparición de un reloj en su habitación, el hotel Solyluna se enfrenta a un juicio como parte demandada, por lo que será un juez quien resuelva la controversia que les afecta. Para comparecer en el juicio, cada una de las partes ha proporcionado un testigo y ha acudido con su abogado.

- -

Cuando una persona tiene un problema con una empresa a raíz de la adquisición de un producto o la contratación de un servicio, puede realizar una reclamación en cualquiera de los diferentes **organismos de consumo:** la Dirección General de Consumo, la oficina municipal de información al consumidor, asociaciones de consumidores, etc.

Habitualmente, cuando una reclamación llega a un organismo de consumo, se inicia un procedimiento de **mediación** entre las partes con el objetivo de llegar a un acuerdo sin que haya necesidad de recurrir a otras vías de resolución de conflictos.

Si la mediación finaliza sin llegar a un pacto, el consumidor, en caso de que pretenda obtener una indemnización, tendrá que continuar adelante con su reclamación mediante el sistema de arbitraje de consumo o la vía judicial.

Cuando, tras haber solicitado un **arbitraje de consumo,** la parte reclamada no acepta avenirse a este sistema, puede acudirse a la **vía judicial.**

IMPORTANTE

Para acudir a la vía judicial sobre un asunto de consumo no es obligatorio haber interpuesto anteriormente una reclamación en un organismo de consumo, pero es preferible intentar llegar a un pacto amistoso, ya que la vía judicial suele ser lenta y cara para el demandante.

- -

El juicio es uno de los procedimientos más antiguos en materia de administración de justicia y se ha mantenido vigente a través del tiempo.

El término *juicio* proviene del latín *iudicium*

El término *juicio* posee diferentes usos. En el ámbito jurídico, que es el que aquí nos atañe, su definición será la siguiente:

 **DEFINICIÓN**

Juicio
Controversia jurídica entre partes que tienen intereses contrapuestos y que someten su resolución, de forma voluntaria o contenciosa, al discernimiento de un juez o tribunal preparado para solucionar la cuestión.

El juicio consta de diversos elementos según sea el caso o el tipo de proceso. Los dos elementos principales son **la parte demandante y la parte demandada,** los cuales son los que inician el proceso. Otros elementos del juicio son:

Jueces
- Son quienes evalúan la situación y emiten una solución de acuerdo con lo establecido en la ley y lo que se haya expuesto en el caso.

Testigos
- Son presentados por las partes involucradas para que realicen una declaración sobre los hechos que el juez decidirá si son pertinentes al asunto.

Jurado
- Son civiles sin conocimientos de derecho que participan en el proceso legal por decreto de ley evaluando los hechos presentados.

Fiscalía
- Es un órgano jurídico independiente que se encarga de la defensa de la justicia pública.

Abogados
- Son profesionales del derecho que se encargan de defender a las partes demandante y demandada.

Continúa en página siguiente >>

<< Viene de página anterior

Peritos
- Son profesionales que presentan su opinión ante el juez como especialistas en el asunto que se va a tratar.

Traductores o intérpretes
- Son profesionales que se emplean en casos especiales en los que alguna de las partes no conoce el idioma de algún testigo o del demandante o demandado o bien presenta una discapacidad auditiva.

La **Ley 1/2000, de 7 de enero, de Enjuiciamiento Civil,** en su artículo 431, establece lo siguiente:

El juicio tendrá por objeto la práctica de las pruebas de declaración de las partes, testifical, informes orales y contradictorios de peritos, reconocimiento judicial en su caso y reproducción de palabras, imágenes y sonidos. Asimismo, una vez practicadas las pruebas, en el juicio se formularán las conclusiones sobre estas.

3. Negociación y resolución de conflictos

 HILO CONDUCTOR

Antes de que la situación llegara a la vía judicial, el hotel Solyluna trató de resolver el conflicto con el cliente por la vía de la negociación. Para ello el director del hotel se reunió con el cliente y le ofreció una noche de estancia gratuita en compensación por la supuesta pérdida del reloj en la habitación, pese a que el cliente había sido informado al registrarse en el hotel de que sus pertenencias valiosas debía guardarlas en la caja fuerte y no lo hizo. El cliente alegó que el reloj era mucho más valioso que la estancia en el hotel, con lo que decidió elevar su reclamación a la Administración de Consumo competente.

Una adecuada gestión de los conflictos favorece la comunicación y suscita cambios positivos en las partes enfrentadas. Uno de los mejores medios para resolver conflictos es la negociación.

DEFINICIÓN

Negociación
Medio civilizado de resolver conflictos mediante un procedimiento de búsqueda y creación de acuerdos que satisfagan los intereses de cada una de las partes.

La negociación de una queja o reclamación directamente entre el consumidor y la empresa reclamada permite acercar posiciones entre las partes a fin de llegar a un acuerdo satisfactorio para ambas sin tener que recurrir a procedimientos judiciales o extrajudiciales. Resulta, por tanto, el camino más rápido y eficaz para encontrar una solución al conflicto fraguado.

Todas las empresas deben tener planificadas unas líneas básicas para la gestión de quejas y reclamaciones las cuales conviene plasmar en un **plan de negociación** que agilice las gestiones.

El plan de negociación se divide en tres **etapas:**

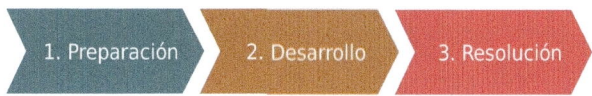

Veamos en qué consiste cada una:

- ➲ **Preparación:** en esta etapa deberá obtenerse información sobre aspectos tales como el perfil del reclamante, qué límites no podrán sobrepasarse en la negociación y qué riesgos se asumen.
  A continuación, se fijarán los objetivos de la negociación y se elegirán las técnicas y estrategias más apropiadas para conseguirlos.
- ➲ **Desarrollo:** esta etapa se inicia cuando las partes se sitúan cara a cara para negociar:

  - ◔ La parte reclamante presentará el motivo de su queja.
  - ◔ La parte reclamada deberá escucharla con atención, hacerle preguntas, determinar sus pretensiones de forma objetiva y ofrecer una solución al conflicto.

Ambas partes establecerán sus posturas, necesidades e intereses y deberán intentar acercarlos para poder llegar a un acuerdo beneficioso para las dos.

⊃ **Resolución:** esta etapa comienza cuando las partes han acabado de exponer sus argumentos, han clarificado los puntos de fricción y ya no tienen otros aspectos sobre los que debatir.

Una negociación puede resolverse con o sin acuerdo:

- Si la negociación se cierra con un acuerdo, el proceso habrá acabado de manera exitosa. Conviene dejar el acuerdo por escrito con el fin de evitar malas interpretaciones posteriores.
- Si la negociación se cierra sin acuerdo, se le ofrecerá al reclamante la opción de proseguir con la reclamación, ya sea por la vía extrajudicial (ante los organismos de consumo competentes, los cuales le derivarán hacia un procedimiento de mediación o de arbitraje) o por la vía judicial.

Una vez cerrada la negociación conviene analizar todo el proceso con el fin de detectar datos susceptibles de mejora para futuras negociaciones.

Una negociación bien gestionada aporta varias **ventajas a la empresa:**

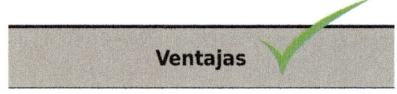

Ventajas ✓
- Mejora su imagen. - Favorece la fidelización del cliente. - Facilita el descubrimiento de oportunidades de mejora.

Los principales mecanismos extrajudiciales de resolución de conflictos basados en la negociación son los siguientes:

Transacción
– Mecanismo a través del cual las partes en conflicto, sin la intervención de nadie más —excepto sus asesores en la negociación—, pueden evitar un litigio judicial o, si este ya se hubiese empezado, terminarlo antes de que se emita sentencia.

Continúa en página siguiente >>

<< Viene de página anterior

Mediación

- Sistema a través del cual las partes en conflicto buscan llegar a un acuerdo con ayuda de una tercera parte neutral (un mediador). Las partes son las que buscan la solución, mientras que el mediador intenta rebajar la tensión y colabora en la creación de alternativas, no aportando solución alguna al conflicto.

Conciliación

- Mecanismo en el que las partes persiguen una solución siendo ayudadas por la intervención de una tercera parte imparcial (un conciliador) con competencia para plantear técnicas conciliatorias, facilitar la comunicación entre las partes e intentar acuerdos que eviten el proceso judicial. Sus propuestas de soluciones pueden ser o no aceptadas por las partes.

Arbitraje

- Sistema en el que las partes nombran de mutuo acuerdo a un tercero independiente (un árbitro) para que resuelva el conflicto a través de una decisión que será vinculante para ambas partes.

APLICACIÓN PRÁCTICA

A lo largo de los años de actividad del hotel Solyluna, este se ha enfrentado a diversas situaciones en las que ha negociado con clientes enfadados con tal de evitar la vía judicial. Te exponemos a continuación cuatro ejemplos de esas situaciones y deberás determinar qué tipo de mecanismo extrajudicial se empleó en cada una.

1. A un cliente que había interpuesto una reclamación, el hotel le ofreció un descuento del 75 % en la primera noche de su próxima estancia de más de una noche. El cliente aceptó y el conflicto terminó aquí.
2. En otra ocasión, la reclamación llegó a la Oficina de Consumo del ayuntamiento, la cual recomendó a las partes la intervención de una

Continúa en página siguiente >>

<< Viene de página anterior

tercera que ayudase en el conflicto. Esta tercera parte se mantuvo neutral, intentó en todo momento suavizar las fricciones que se daban en las reuniones que tuvieron las partes y, aunque no aportó ninguna solución, supo conducir la situación hasta la llegada de un acuerdo satisfactorio para ambas.

3. Otra vez, estando el conflicto muy enconado, y sin que ninguna de las dos partes fuese capaz de aportar ninguna solución que satisficiera a la otra, la Oficina de Consumo planteó la ayuda de una tercera parte que supo aportar una alternativa en la que ninguna de las dos partes había reparado y, gracias a ello, consiguieron desatascar la situación.

4. En un último escenario conflictivo, las partes recurrieron a un sistema en el que un tercero estudió el conflicto y determinó una solución que ambas se vieron obligadas a acatar.

Solución

1. La transacción es un mecanismo a través del cual las partes en conflicto, sin la intervención de nadie más, pueden evitar un litigio judicial.

2. La mediación es un sistema a través del cual las partes en conflicto buscan llegar a un acuerdo con ayuda de una tercera parte neutral, pero son ellas las que buscan la solución, mientras que el mediador intenta rebajar la tensión sin aportar solución alguna al conflicto.

3. La conciliación es un mecanismo en el que las partes persiguen una solución siendo ayudadas por la intervención de una tercera parte imparcial con competencia para facilitar la comunicación entre las partes e intentar acuerdos que pueden ser o no aceptados por las partes.

4. El arbitraje es un sistema en el que las partes nombran de mutuo acuerdo a un tercero independiente para que resuelva el conflicto a través de una decisión que será vinculante para ambas partes.

4. Desarrollo de la comparecencia, conciliación preprocesal, presentación de la demanda, citación y desarrollo de la vista

☞ HILO CONDUCTOR

Algún tiempo después del proceso de arbitraje al que se sometió el hotel So-lyluna, se recibió una citación del juzgado a raíz de la demanda que el cliente interpuso contra el hotel. El día de la citación ambas partes comparecieron en el juzgado, participaron en un acto de conciliación preprocesal y, al no llegar a un acuerdo, tuvieron una vista oral.

- -

Un juicio ordinario civil pasa por una serie de trámites, cuyo punto de partida es la presentación de una demanda y cuyo punto final se da con el dictamen de la sentencia que se va a aplicar.

Fíjate a continuación en los **pasos que habrán de darse antes del dictamen de la sentencia:**

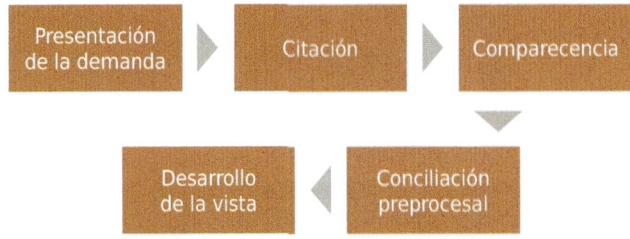

Presentación de la demanda

El proceso empezará por la demanda firmada por el letrado y con obligatoria representación del procurador. La demanda, de acuerdo con la **Ley 1/2000, de 7 de enero, de Enjuiciamiento Civil,** debe estar bien redactada y fijar el objeto del litigio, pues no se podrá alterar después, excepto para alegaciones complementarias.

El letrado de la Administración de Justicia, examinada la demanda, dictará decreto admitiéndola y le dará traslado al demandado para que la conteste en el plazo de veinte días.

En la contestación la parte demandada admitirá o negará los hechos alegados en la demanda. También podrá demandar a la otra parte mediante la reconvención, que consiste en redactar una nueva demanda contra quien demandó en primer lugar.

Citación

La citación es un aviso por medio del cual se convoca a una persona para que acuda a un juzgado en día y hora determinados. Puede ir dirigida a cualquier persona que, de un modo u otro, se encuentre implicada en un proceso judicial, ya sea como acusación o como acusado, ya sea en calidad de perito, testigo, etc.

La citación es una orden que todo aquel que la reciba tiene la obligación de cumplir. En caso de incumplimiento, su autor habría incurrido en un delito castigado con penas de multa y de prisión. Además, cuando la persona citada es parte de la causa, su no comparecencia podría provocar la pérdida inmediata del juicio.

Comparecencia

Se denomina comparecencia al hecho de acudir personalmente o a través de un representante legal ante un juez o tribunal, ya sea acatando un llamamiento, citación o requerimiento de autoridades judiciales, ya sea con el objetivo de manifestarse como parte en algún litigio o colaborar en un acto ante la justicia.

Conciliación preprocesal

La conciliación preprocesal busca el fomento de la solución extrajudicial de los conflictos y tiene carácter opcional. Es un intento de conciliación en el que interviene el secretario judicial como supervisor de la legalidad del acuerdo al que puedan llegar las partes, evitándose así iniciar un procedimiento judicial si se soluciona el conflicto existente.

Desarrollo de la vista

La fase de la vista en el juicio verbal del proceso civil no es obligatoria, sino que solamente procederá si se ha solicitado por la parte demandada en la contestación a la demanda, por la parte demandante en el plazo de tres días tras serle trasladado el escrito de contestación o bien si el tribunal lo considerase oportuno.

En la vista se observará, en primer lugar, si el litigio persiste o si las partes han llegado a un acuerdo.

Si hubiesen llegado a un acuerdo o se mostrasen dispuestas a concluirlo de forma inmediata, podrán desistir del proceso o solicitar del tribunal que homologue el acuerdo. También podrán solicitar la suspensión del proceso para someterse a mediación, en cuyo caso:

- ⮑ Si no se alcanzase un acuerdo, cualquiera de las partes podrá solicitar que se alce la suspensión y se señale fecha para la continuación de la vista.
- ⮑ Si se alcanzase un acuerdo, las partes deberán comunicarlo al tribunal para que decrete el archivo del procedimiento, pudiendo solicitar su homologación judicial.

Si las partes no hubiesen llegado a un acuerdo o no estuvieran dispuestas a alcanzarlo, el tribunal resolverá sobre la continuación o no del acto.

Si el tribunal resolviese continuar, se dará la palabra a las partes para realizar aclaraciones y delimitar los hechos del conflicto. Si no hubiese conformidad sobre todos ellos, se propondrán pruebas y se practicarán a continuación las que se admitan.

Si el demandante no asistiera a la vista y el demandado no tuviese interés en continuar el proceso, se le dará por desistido de la demanda y se le impondrán las costas ocasionadas y una indemnización al demandado comparecido si este lo solicitase y acreditara los perjuicios sufridos. Si el demandado no compareciese, se procederá a la celebración del juicio.

 **EJEMPLO**

A través del siguiente enlace podrás visualizar y descargar un modelo de demanda de juicio verbal.

https://redirectoronline.com/adgd268po0401

 TAREA 5

Mediante la Instrucción 1/2002 del Pleno del CGPJ, se aprobó el modelo normalizado de demanda. Accede a través del siguiente enlace a este modelo, descárgalo, copia sus datos en un documento de texto y elabora una demanda sobre el siguiente supuesto:

Hace un mes compraste un juguete infantil de la marca Juguetes Jomar que, con el uso, se ha desmontado en piezas pequeñas que ponen en peligro la vida del niño que juegue con él. Redacta una demanda contra la empresa.

https://redirectoronline.com/adgd268po0402

---

5. Aplicación de la sentencia

☞ HILO CONDUCTOR

El juez finalmente falló a favor del hotel Solyluna, dictando una sentencia que le absolvía de tener que indemnizar al cliente, pues asumió que este había obrado con negligencia o con mala fe, al haber sido avisado de que debía guardar sus pertenencias valiosas en la caja fuerte, y no pudo probarse que efectivamente dejase el reloj en la habitación.

La sentencia marca la terminación del proceso judicial y a través de ella el juez concede o no lo solicitado en la demanda.

El artículo 245 de la Ley Orgánica 6/1985, de 1 de julio, del Poder Judicial, proporciona la siguiente definición de la sentencia.

DEFINICIÓN

Sentencia
Resolución de los jueces y tribunales que decide definitivamente el pleito o causa en cualquier instancia o recurso.

La sentencia tiene las siguientes **características:**

- ➲ La sentencia es **acto final,** pone fin al proceso. Su forma está determinada por el proceso del que se trate, es decir, dependerá del contenido, de la demanda y del tipo de proceso del que se trate.
- ➲ Es **congruente,** lo que significa que es preciso que el juez resuelva el proceso sobre lo que se le ha solicitado en la demanda, sin extralimitarse de lo que se le haya solicitado y sin dejar sin resolver nada de lo que se le solicite.
- ➲ Es **precisa,** pues debe ser concreta sobre los hechos cuestionados, los cuales han de obtener una respuesta firme con la sentencia.
- ➲ Debe ser **clara,** exponerse de forma sencilla y de modo que todos puedan entenderla sin ningún tipo de confusión.

La sentencia, de acuerdo con el artículo 248 de la **Ley Orgánica 6/1985, de 1 de julio, del Poder Judicial,** constará de las siguientes partes:

Encabezamiento
- Se expresará el lugar y la fecha en que se ha dictado la sentencia, el nombre del juez, los nombres, domicilios y profesiones de las partes y los nombres de los procuradores y letrados que hayan intervenido.

Antecedentes de hecho
- Se narrarán tal y como hayan acontecido, en párrafos separados y numerados, indicándose además qué hechos se tienen por probados y los motivos.

Fundamentos de derecho
- Expresarán las causas por las que se aplican determinadas normas, concretando el hecho dentro de ellas.

Fallo
- Se explicará todo aquello que sea necesario para que la sentencia quede lo suficientemente explicada y justificada. En caso de ser una sentencia de condena, se determinará con exactitud en qué consiste tal condena.

Firmas
- Después del fallo aparecerán las firmas del juez, magistrado o magistrados que dicten la sentencia.

 **EJEMPLO**

En el siguiente enlace podrás leer una sentencia real sobre un producto defectuoso por el que un consumidor reclamó.

https://redirectoronline.com/adgd268po0403

6. Definición de daño moral

☞ HILO CONDUCTOR

En la demanda judicial que el cliente interpuso contra el hotel Solyluna, se hizo referencia al daño moral que la pérdida del reloj le había ocasionado, dado que su valor, no ya económico sino personal, era incalculable al haberlo heredado de su padre recientemente fallecido.

Para poder definir el daño moral deben tenerse claros previamente dos conceptos: daño y moral.

- ➲ El sustantivo **daño** hace referencia a un perjuicio o lesión.
- ➲ El adjetivo **moral** se refiere a las acciones de las personas, desde el punto de vista de su obrar en relación con el bien o el mal y en función de su vida individual y, sobre todo, colectiva *(DRAE)*.

De la combinación de ambas palabras surge la definición de *daño moral*.

DEFINICIÓN

Daño moral
Lesión simbólica o sufrimiento que padece una persona al sentirse agraviada y que afecta a sus sentimientos, creencias, salud psíquica o física, estima social o dignidad, es decir, aquellos derechos que la doctrina mayoritaria incluye en el grupo de los extrapatrimoniales o de personalidad.

Dado que el daño moral es abstracto, su determinación y la cuantificación de la indemnización para repararlo resultan difíciles.

Según Ramón Maciá Gómez, algunos de los elementos que suelen exteriorizar la presencia de un daño moral son los siguientes:

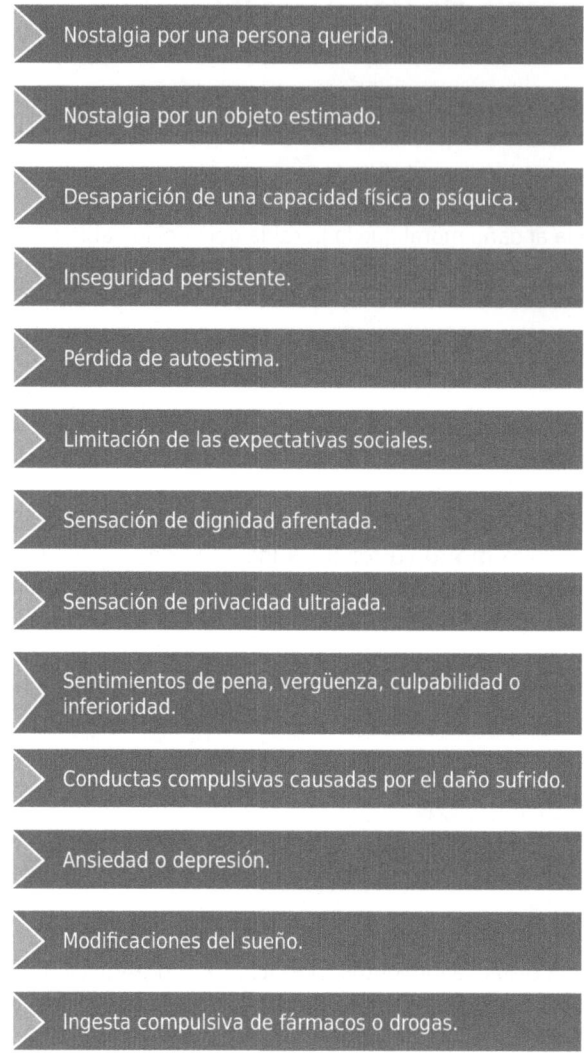

Nostalgia por una persona querida.

Nostalgia por un objeto estimado.

Desaparición de una capacidad física o psíquica.

Inseguridad persistente.

Pérdida de autoestima.

Limitación de las expectativas sociales.

Sensación de dignidad afrentada.

Sensación de privacidad ultrajada.

Sentimientos de pena, vergüenza, culpabilidad o inferioridad.

Conductas compulsivas causadas por el daño sufrido.

Ansiedad o depresión.

Modificaciones del sueño.

Ingesta compulsiva de fármacos o drogas.

Para realizar una **valoración y tasación exactas de los elementos que exteriorizan la presencia de un daño moral,** hay que tener en cuenta, para cada caso particular, los siguientes aspectos:

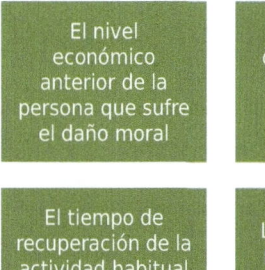

El nivel económico anterior de la persona que sufre el daño moral	La valoración del bien jurídico afectado y causante del daño moral
El tiempo de recuperación de la actividad habitual de la víctima del daño moral	La capacidad de la persona para sobreponerse al daño sufrido

IMPORTANTE

Con el resarcimiento por el daño moral sufrido no se pretende restablecer la situación anterior, lo cual es imposible dadas las características intrínsecas del daño causado, y su cuantificación responderá a criterios discrecionales de quien lo juzgue.

- -

La **reclamación de una indemnización por daños morales** puede integrarse en la misma reclamación efectuada por los daños patrimoniales que pudieran haberse ocasionado del perjuicio, o bien de manera individual si no ha habido daños patrimoniales.

La reclamación puede llevarse a cabo a través de una comunicación formal al causante del daño, siendo aconsejable en este caso hacerla por **burofax,** o bien a través de la interposición de una **demanda judicial,** iniciándose con ello un procedimiento judicial civil o contencioso-administrativo, según proceda.

Con la reclamación se reivindica al causante el abono de una cantidad económica que desagravie el daño moral provocado, una acción que mitigue los efectos del daño o incluso un bien equivalente al beneficio que mantenía con anterioridad al hecho causante del daño.

ACTIVIDAD COMPLEMENTARIA

4. Lee el siguiente artículo y responde a los datos que se solicitan:

Indemnización del daño moral exclusivamente por la adquisición de una pizza congelada en cuya masa se encontró un tornillo antes de su consumo

https://redirectoronline.com/adgd268po0404

- Parte demandada.
- Parte demandante.
- Motivo de la demanda.
- Daño moral alegado.
- Sentencia.

A continuación, busca en internet algún caso en el que una persona haya denunciado a alguien por daño moral y determina los mismos datos que se solicitan para el caso anterior.

---

7. Resumen

Cuando un consumidor o usuario ha tenido un problema con una empresa a raíz de la compra de un producto o la contratación de un servicio, puede darse la circunstancia de que presente una reclamación y no sea atendida o de que el arbitraje no consiga resolver el problema porque la empresa reclamada lo rechace. En estos casos, el modo de poder conseguir una indemnización por los perjuicios ocasionados es **reclamar judicialmente.**

Un **juicio** es una controversia jurídica entre partes que tienen intereses contrapuestos y que someten su resolución, de forma voluntaria o contenciosa, al discernimiento de un juez o tribunal preparado para solucionar la cuestión.

La **negociación** es un medio civilizado de resolver conflictos mediante un procedimiento de búsqueda y creación de acuerdos que satisfagan los intereses de cada una de las partes.

Un juicio ordinario civil pasa por una serie de trámites, cuyo punto de partida es la presentación de una demanda y cuyo punto final se da con el dictamen de la sentencia que se va a aplicar. Los **pasos que habrán de darse antes del dictamen de la sentencia** son los siguientes:

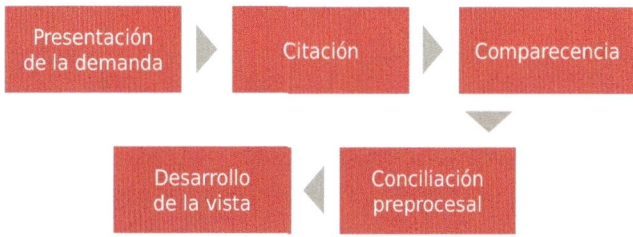

La **sentencia** es la resolución de los jueces y tribunales que decide definitivamente el pleito o causa en cualquier instancia o recurso. Constará de las siguientes partes:

Sentencia

Encabezamiento

Antecedentes de hecho

Fundamentos de derecho

Fallo

Firmas

El **daño moral** hace referencia a la lesión simbólica o el sufrimiento que padece una persona al sentirse agraviada y que afecta a sus sentimientos, creencias, salud psíquica o física, estima social o dignidad, es decir, aquellos derechos que la doctrina mayoritaria incluye en el grupo de los extrapatrimoniales o de personalidad.

Ejercicios de autoevaluación
Unidad de Aprendizaje 4

1. Determina si la siguiente afirmación es verdadera o falsa: "Cuando, tras haber solicitado un arbitraje de consumo, la parte reclamada no acepta avenirse a este sistema, puede acudirse a la vía judicial".

   ■ Verdadero
   ■ Falso

2. Indica si la siguiente afirmación es verdadera o falsa: "Para acudir a la vía judicial sobre un asunto de consumo es obligatorio haber interpuesto anteriormente una reclamación en un organismo de consumo".

   ■ Verdadero
   ■ Falso

3. ¿Cuáles de los siguientes actores son profesionales del derecho que se encargan de defender a las partes demandante y demandada?

   a. Jueces
   b. Peritos
   c. Fiscales
   d. Abogados

4. ¿Cuál de los siguientes elementos es un órgano jurídico independiente que se encarga de la defensa de la justicia pública?

   a. Fiscalía
   b. Jurado
   c. Tribunal
   d. Audiencia

5. ¿Cómo se denomina el mecanismo a través del cual las partes en conflicto, sin la intervención de nadie más —excepto sus asesores en la negociación—, pueden evitar un litigio judicial o, si este ya se hubiese empezado, terminarlo antes de que se emita sentencia?

    a. Transacción
    b. Mediación
    c. Conciliación
    d. Arbitraje

6. ¿Cómo se denomina el sistema a través del cual las partes en conflicto buscan llegar a un acuerdo con ayuda de una tercera parte neutral, pero son ellas las que buscan la solución, mientras que esa tercera parte intenta rebajar la tensión sin aportar solución alguna al conflicto?

    a. Transacción
    b. Mediación
    c. Conciliación
    d. Arbitraje

7. ¿Cuál es el primer paso en un juicio ordinario civil?

    a. Citación.
    b. Comparecencia.
    c. Presentación de la demanda.
    d. Conciliación preprocesal.

8. ¿Cómo se denomina la resolución de los jueces y tribunales que decide definitivamente el pleito o causa en cualquier instancia o recurso?

    a. Fallo
    b. Sentencia
    c. Condena
    d. Veredicto

9. ¿En qué apartado se explicará todo aquello que sea necesario para que la sentencia quede lo suficientemente explicada y justificada?

   a. Encabezamiento.
   b. Fallo.
   c. Fundamentos de derecho.
   d. Antecedentes de hecho.

10. Determina si la siguiente afirmación es verdadera o falsa: "La reclamación de una indemnización por daños morales debe ir siempre integrada en una reclamación efectuada por daños patrimoniales".

   ■ Verdadero
   ■ Falso

Glosario

Arbitraje
Mecanismo extrajudicial por el cual las partes implicadas en un conflicto derivan voluntariamente su solución a un tribunal arbitral investido de la facultad de pronunciar una decisión denominada laudo arbitral, vinculante para ambas partes.

Autoconsciencia
Habilidad para conocer y comprender los propios impulsos y emociones, los cambios de humor y su efecto en los demás.

Autocontrol
Habilidad para controlar o encauzar impulsos y estados de ánimo nocivos, así como la tendencia a pensar siempre antes de actuar y a no hacer juicios y ataques personales.

Carta de reclamación
Carta que se escribe a una empresa para dejar constancia de que los derechos del consumidor han sido vulnerados en la adquisición de algún producto o servicio.

Contencioso
Dicho de un asunto, proceso o recurso, sometido a conocimiento y decisión de los tribunales en forma de litigio entre partes, en contraposición a los de jurisdicción voluntaria y a los que estén pendientes de un procedimiento administrativo.

Daño moral
Lesión simbólica o sufrimiento que padece una persona al sentirse agraviada y que afecta a sus sentimientos, creencias, salud psíquica o física, estima social o dignidad, es decir, aquellos derechos que la doctrina mayoritaria incluye en el grupo de los extrapatrimoniales o de personalidad.

Dictamen
Opinión o juicio técnico o pericial que se forma o emite sobre algo.

Empatía
Capacidad de experimentar de forma objetiva y racional lo que siente otra persona, comprendiendo sus sentimientos y emociones.

Estándar
Que sirve como tipo, modelo, norma, patrón o referencia.

Expectativa
Esperanza de realizar o conseguir algo.

Extrajudicial
Que se hace o se trata fuera de la vía judicial.

Fidelización
Estrategia de *marketing* que permite a las empresas conseguir clientes fieles a sus marcas, estableciendo, manteniendo y fortaleciendo los vínculos con ellos.

Formulario
Documento diseñado para que el usuario introduzca datos estructurados (nombre, apellidos, dirección, fecha, etc.) en las zonas correspondientes para ser almacenados y procesados posteriormente.

Garantía
Protección que se brinda cuando se adquiere algo o se va a realizar una acción que necesita una supervisión directa para que el cliente o comprador se sienta a gusto y seguro.

Habilidades sociales
Habilidades para encontrar una base común en un problema y negociar.

Hoja de reclamaciones
Instrumento que pueden emplear los consumidores y usuarios para defender sus intereses y manifestar ante una empresa y ante la Administración pública su descontento en el caso de que un producto o servicio no posea las características por las que ha pagado y solicitar alguna compensación.

Imagen de marca
Conjunto de elementos tangibles e intangibles que representan los valores que la empresa desea transmitir a los consumidores.

Infracción
Transgresión, quebrantamiento de una ley.

Juicio
Controversia jurídica entre partes que tienen intereses contrapuestos y que someten su resolución, de forma voluntaria o contenciosa, al discernimiento de un juez o tribunal preparado para solucionar la cuestión.

Laudo arbitral
Resolución dictada por un árbitro que permite dirimir un conflicto entre dos o más partes.

Lenguaje
Conjunto de palabras que se utilizan para expresar las ideas que desean comunicarse.

Litigio
Enfrentamiento o disputa entre dos personas o partes en un juicio.

Negociación
Medio civilizado de resolver conflictos mediante un procedimiento de búsqueda y creación de acuerdos que satisfagan los intereses de cada una de las partes.

Peritaje
Trabajo, estudio o informe que hace el perito sobre determinada materia.

Perito
Persona que, por su profesión, es entendida o experta en determinada materia y es consultada por el juez, al que debe informar bajo juramento.

Queja
Expresión de un descontento realizada a una empresa acerca de alguno de sus productos o servicios con la única finalidad de que se solvente.

Reclamación
Expresión de un descontento realizada a una empresa acerca de alguno de sus productos o servicios con el fin de obtener algún tipo de compensación.

Reputación
Prestigio o estima en que es tenido alguien o algo.

Resarcimiento

Indemnización, compensación, reparación de un perjuicio que alguien debe realizar a otra persona, bien porque así lo decide, o bien porque la justicia lo ordena.

Sanción

Pena que una ley o un reglamento establece para sus infractores.

Sentencia

Resolución de los jueces y tribunales que decide definitivamente el pleito o causa en cualquier instancia o recurso.

Bibliografía

Monografías

→ ACOSTA, J. M.: *Gestión de quejas y reclamaciones*. Barcelona: Profit, 2012.

   Libro interesante y ameno que enseña a aprovechar las quejas de los clientes para la mejora continua de las empresas.

→ VILLA, J. P.: *Manual de atención a clientes y usuarios*. Barcelona: Profit, 2014.

   Esta obra es una herramienta práctica que permite mejorar los procesos de atención al cliente en cualquier empresa, previniendo situaciones conflictivas, ganando calidad y competitividad.

Legislación

→ Real Decreto 231/2008, de 15 de febrero, por el que se regula el Sistema Arbitral de Consumo.

→ Real Decreto 203/2021, de 30 de marzo, por el que se aprueba el Reglamento de actuación y funcionamiento del sector público por medios electrónicos.

→ Real Decreto Legislativo 1/2007, de 16 de noviembre, por el que se aprueba el texto refundido de la Ley General para la Defensa de los Consumidores y Usuarios y Otras Leyes Complementarias.

→ Constitución española.

→ Ley 1/2000, de 7 de enero, de Enjuiciamiento Civil.

→ Ley 39/2015, de 1 de octubre, del Procedimiento Administrativo Común de las Administraciones Públicas.

→ Ley 60/2003, de 23 de diciembre, de Arbitraje.

→ Ley Orgánica 6/1985, de 1 de julio, del Poder Judicial.

Textos electrónicos, bases de datos y programas informáticos

→ ¿Cómo responder a las quejas de los clientes?, de:
<https://www.marketingdirecto.com/anunciantes-general/anunciantes/%C2%BFcomo-responder-a-las-quejas-de-los-clientes>.

Ejemplo de la respuesta de McDonald's a un cliente que había notificado un mal servicio en uno de sus restaurantes.

→ La cuantificación del daño moral en España, de:
<https://www.cremadescalvosotelo.com/noticias-legales/la-cuantificacion-del-dano-moral-en-espana>.

Artículo en el que, partiendo del concepto de daño moral, se analiza su valoración económica y los requisitos y procedimientos de reclamación.

→ Política de quejas. British Council School, de:
<https://www.britishcouncilschool.es/sobre/normativa-politicas/quejas>.

Documento en el que la empresa British Council School redacta su política de quejas.

→ ARTURO, R.: Cómo manejar las quejas o reclamos del cliente, de: <https://www.crecenegocios.com/como-manejar-las-quejas-o-reclamos-del-cliente/>.

En este artículo se enseña paso por paso cómo manejar las quejas del cliente de modo que se evite que lleguen a ser un problema y se acaben convirtiendo en una oportunidad.

→ MACIÁ GÓMEZ, R.: Concepto y evaluación del daño moral, de:
<https://www.derecho.com/articulos/2009/01/19/concepto-y-evaluacion-del-dano-moral/>.

Interesante artículo en el que su autor, magistrado jubilado, nos introduce en el concepto de daño moral, realizando un recorrido por los elementos que lo integran y la forma de valorarlo.